本書は、産地・素材のリンクで広がるファッションの可能性を照射し、産地の発展を目指す活動の一端をまとめたものです。

朝靄のかかる播州産地鈴堀山。

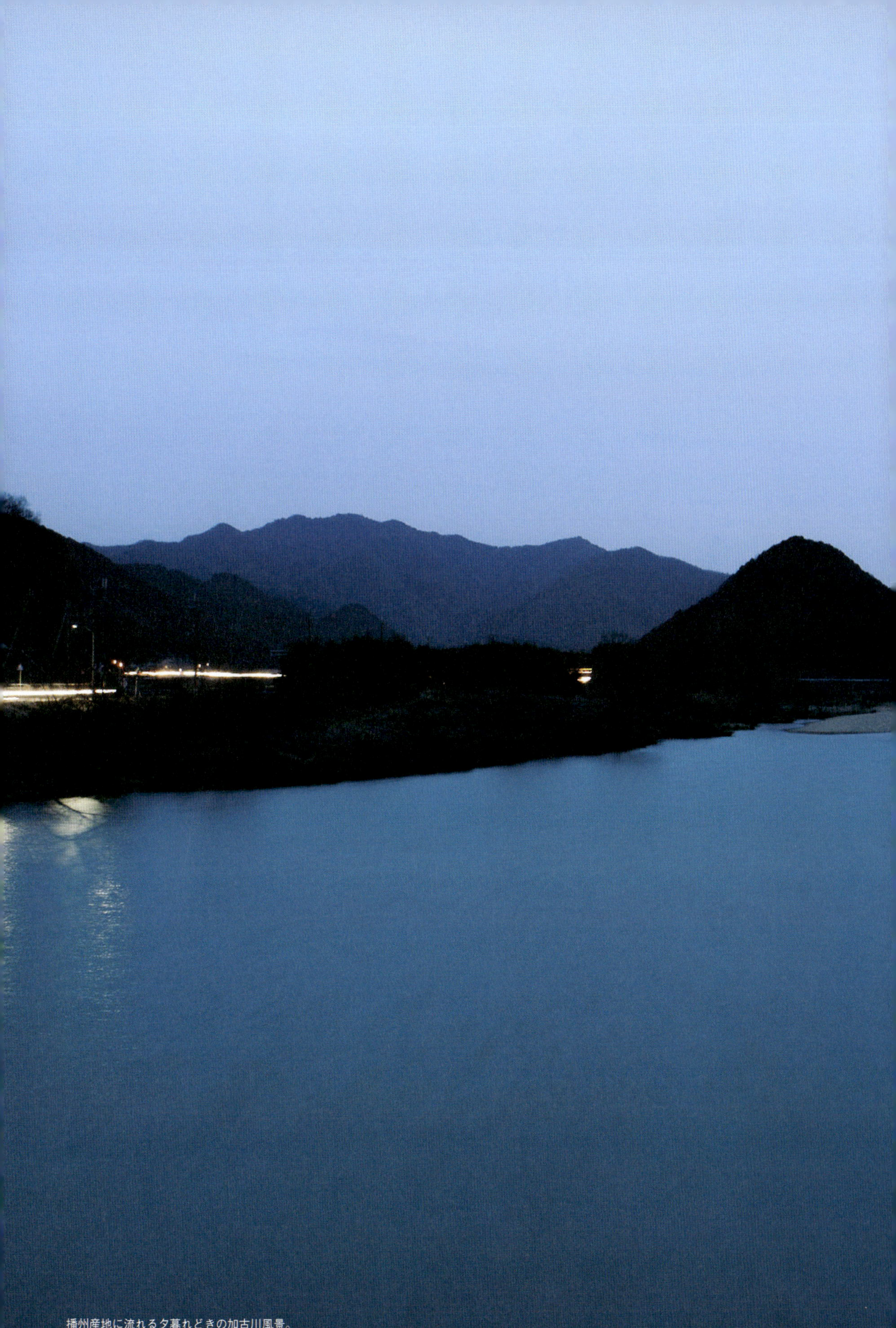

播州産地に流れる夕暮れどきの加古川風景。

手作業で織り上がった生地の補修を行う。

／ はじめに

この本は「ファッションデザイナーと繊維産地の協同」をテーマに、前半は「これからの日本のファッション産業」と題してプロジェクトやインタビュー、寄稿をまとめ、後半では北陸の繊維産地の工場を紹介しています。僕たちが携わる「糸編産業」の課題や可能性をまとめたものですが、この本を手にとっていただいた方への自己紹介も兼ねて、僕たちの活動について、そして、どうしていまの仕事を始めるようになったのかを簡単にご説明したいと思います。

僕は 2012 年にキュレーションプロジェクト「セコリギャラリー」を始め、同時に「ファッションキュレーター」を名乗り始めました。年間 150 ～ 200 社くらいの繊維の工場を訪問して、それぞれの工場や職人さんの特技や素材の特徴を理解して回り、それを自社のショールームに並べたりデザイナーに伝えたり、素材を一からつくるお手伝いもする仕事です。

もともと「全国の繊維工場を回りたい」という目的が先にあって、産地と東京を行き来して、貯金残高が尽きる前に自分の生業が少しずつ形成されて、いまに至っています。リサーチ、執筆、編集、出版、イベントや展示会の企画、媒体づくり、メディアの運営、場づくり、場の運営、素材・商品開発、プロジェクトマネージメントなど、さまざまなところに顔を出して旗を振りすぎて、“宮浦はいったい何をやっている人なのか？　何をしたいのか？”と怪しい存在になっているかもしれません。でも僕のなかでは目的はシンプルで、自分が感動した工場や職人さんの素材や技術とデザインをどんどん結びつけて、日本の素材で心が温かく踊る商品が生まれるサポートをしたい、というところです。さらに僕は、職人さんとデザイナーさんが協業してものをつくる「ゼロからイチ」が生まれるその瞬間を、一番近い距離で見つづけられるので、その情報を伝えることで、つくり手や使い手といった垣根を超えた、ある種の仲間が増えればいいなと思っています。

そもそもどうして繊維の工場に興味が湧いたかと遡ると、ひとつは大学時代に縫製工場で働かせてもらったこと。週２～３日で３年ほどお世話になり、職人さんの技術、工場に来る生地屋さんやパタンナーさんとの話にも興味を覚えました。もうひとつは、服飾大学に通っていた頃、ほとんど友達ができずにいつも図書館にいたのですが、当時読んでいた業界新聞では、一面を飾る華やかなファッションニュースの裏で、国内の繊維産地工場の廃業や倒産が日々報じられていました。工場の廃業のニュースに不思議な焦燥感を覚えながらも、一方工場が新しい技術開発の発表というニュースに胸が高鳴り、漠然と産地というワードにわくわくしていました。気がつくと、僕の図書館での毎日の注意はそこにいくようになっていました。

ファッションへの漠然とした憧れが自分のなかで少しずつ噛み砕かれていき、ファッションをつくる現場に興味が向いていきました。徐々に、入学当初に漠然と描いていた、「デザイナーとして服をつくりたい」とか「ファッションブランドで働きたい」という憧れはまったくなくなり、ファッションがもつ機能と人との接点を考えたり、産地を含めた、糸編産業全体にコミットすることに興味が湧いていたように思います。大学卒業後、幸いにも留学するチャンスをいただいて、日本を離れて考えを整える時期をもつことができました。

奄美大島、泥染の工程。泥を川で洗い流す。

留学ではロンドンに渡りました。そこで、日本で生産されるテキスタイルが世界的に高い評価を受けていることを目の当たりにしました。ヨーロッパにいるファッション関係者にとって「日本といえばテキスタイルがすごい」という評価がスタンダードだったことに驚きました。日本の職人は高い技術をもっていて、良い素材をつくり、世界各国で支持されているのに、日本の産地は衰退している。これは大きな疑問であり、自分のなかで最大のテーマにもなりました。そして、八王子の「みやしん」さんの廃業のニュースが飛び込んできました。たくさんの方々がこの課題についてブログやSNSを更新していて、溢れる議論や情報を追い掛けたのを覚えています。いてもたってもいられずに、直接お話を聞いてみたいと元・みやしん（株）社長の宮本さんを訪ねました。「産地のことを知りたくて、将来何かしたいならその目で現場を見て回らないとね」との宮本さんの言葉に衝動を掻き立てられ、産地の工場を訪ね回り、職人さんたちに話を聞いていきました。そして自分が五感で感じた内容を自費出版で1冊目の本『Secori Book』にまとめることにしました。

本を書きながら、徐々に先に説明したような代行の仕事も頼まれるようになり、デザイナーと職人をつなぐことが、僕にできること、求められていることだという思いが強くなっていきました。各地で出会った素材を並べ、さらに地方で知り合った工場の職人さんたちが上京する際に、ふと寄っていただき、話を聞けるような場をつくることができれば、東京のデザイナーとも直接つなぐことができるかもしれない。そんな思いでつくったのが「セコリ荘」です。ファッション業界以外の方にも、日本のテキスタイルの魅力を伝えたくなって、もっと気軽にいろんな人に集まってもらえるよう、週末には「おでん屋」を開業することになりました。テキスタイルのショールームもアポイントなしで見てもらえるようになりました。僕にとっては「セコリ荘」というのは週刊誌のようなもので、週の前半に産地で出会った感動や物体を集めて共有する場となっています。テキスタイルを並べ、商品は販売して、僕自身がおでん屋のマスターとなり、週ごとに新しい情報を出して、そして人が人に出会えるオープンな場です。

前回の『Secori Book』の発行からずっと繊維工場のアーカイブをつくりたいと考えていて、記事の制作をつづけてきました。2015年に北陸産地のものづくりの窓口を目指す「セコリ荘金沢」がオープンしてから、北陸での取材記事が温まってきたのをきっかけに、4年越しに書籍としてまとめることになりました。書籍名は『FASHION∞TEXTILE（ファッション・テキスタイル）』です。日本の産地はもっとファッションとリンクしてほしいし、ファッションももっと日本の素材と共にクリエーションしてほしいという想いから、このタイトルとなりました。この書籍の出版の折、コミュニティスペース「セコリ荘」は一次閉幕となります。産地とデザイナーをつなぎ、日本の繊維・ファッション産業に貢献するために、僕たちは次に何をできるか、すべきか。この本をつくりながらも、いろいろな方にお話を聞きながら、今までの活動の先に僕たちがいまやるべきことがいっそう具体的に見えてきました。今後は、セコリギャラリーは「糸編」と名称を変え、より実践的な活動にこれから挑戦していきます。

いろいろな思いが詰まった本書をメンバー一同、情熱を込めて制作したので、是非受け取っていただけたら幸いです。

2017年6月

糸編

宮浦晋哉

奄美大島、泥染の工程。テーチ木染色液を糸にもみ込む。木染と泥染を繰り返すことで色が深くなっていく。

／目次

これからの日本のファッション産業

これからの
日本のファッション産業

PART1 : The future of the japanese fashion industry.

各産地の工場や職人のもつ技術。
それらの技術に新しいアイデアが出会い交わることで
技術そのものがアップデートされたり、新しいファッションが生まれます。
0から1が生まれる瞬間を追い掛け、これからの日本のファッション産業のヒントを探ってみました。

［巻頭インタビュー］

ロジカルな服づくりを武器に ニューヨークで闘う

Competing in New York
through "practical" clothing manufacturing.

大丸隆平／oomaru seisakusho 2,inc.・大丸製作所3 代表

PROFILE

大丸隆平 / Ryuhei Oomaru

oomaru seisakusho 2,inc、大丸製作所 3 代表。福岡県生まれ。文化服装学院卒業後、パタンナーを経て渡米。2008 年ニューヨークにて oomaru seisakusho 2,inc、2012 年日本でのものづくりの拠点として大丸製作所 3、2015 年オリジナルラインの OVERCOAT を立ち上げる。2014 年米国ファッション協議会 FASHION MANUFACTURING INITIATIVE 受賞、2015 年第 33 回毎日ファッション大賞 鯨岡阿美子賞 受賞。

若くしてニューヨークに渡り、多くのクリエイターやセレブレティとのコラボレーションを行う大丸隆平氏。現在のファッション業界に対する考えや、オリジナルライン OVERCOAT での服づくりに対する思いをお聞きしました。（聞き手：矢野優美子）

分業の意識が クリエイションを弱くする

――大丸さんはパリコレクションにも参加する日本のハイメゾンでパタンナーを経てアメリカに渡り、ＬＶＭＨでパタンナーを務めた後、２００８年にニューヨークで oomaru seisakusho 2,inc を設立しました。企画デザインやパターン製作、サンプル縫製なども手掛け、多くのブランドのクリエイションを支えています。oomaru seisakusho 2 を創業されたときのきっかけを教えていただけたらと思います。

ニューヨークで、ファッション分野での日本人のコミュニティをつくりたいと思ったのがきっかけのひとつです。ニューヨークにはいろんな業種別、人種別にコミュニティがあるんですね。たとえば金融系や芸能系などに分かれ、さらに人種別でも分かれている。チャイナタウンやリトルイタリーなどが有名ですね。

たとえば中華系のディベロッパーが、同じ中華系の工場オーナーに家賃を安くしたり。工場オーナーはほかの中華系の工場に仕事を分けたりなど、仲間内で支え合っているんです。ただ日本人のものづくりのコミュニティというものはないので、そういうものをつくりたいと思いました。

――oomaru seisakusho 2 では若手日本人スタッフが多く在籍されていますが、どのような方を中心に採用されているのでしょうか。

基本的に採用時のスキルは関係ないと思っています。インターンから育てているスタッフもたくさんいます。技術よりもむしろ志に重きを置いて採用していますね。僕はデザインやパターン、縫製という分業の意識がクリエイションを弱くしている可能性があると思っています。

一般的には、デザイナーは生地を選んでデザイン画を描き、パタンナーはスペック通りに図面を描き、縫製者は仕様を考えて縫製するという職能ですよね。

ただデザイナーがパターンメイキングや縫製まで理解していないと、クリ

oomaru seisakusho 2 アトリエの様子。

パターンを引く大丸隆平氏。

エイティビティがなくなり、似たようなものばかりになってしまうんじゃないかと危惧しているんです。
また逆に、パタンナーや縫製スタッフがデザイナーのコンセプトを理解していないと、ものづくりに一貫性がなくなるのではとも思います。

――ビジネスとして効率的に進めようとしたなかで、分業化が進んだのかもしれません。

そうですね。もちろんビジネスとして成立することが前提条件です。ただ、このシステムのほかにも違うアプローチ方法があるのではないでしょうか。ものづくりの過程での個々の担当者の幅がもっと広がっていくと、デザインのイメージを全員が共有でき、ひとつの方向でものがつくれると思います。
生地屋さん、縫製工場など職種に関係なく、想像力をもって、ものづくりをしているところはとても魅力的だと思います。

――oomaru seisakusho 2では、どのような点を意識して服づくりをされていますか？

僕は、ただスペックをもらってパターンを引くだけという仕事をしたことがなく、パタンナーやデザイナーという区別をせずに、コラボレーションしながらものづくりをしている、という意識でいます。それはクライアントとも共有していると思っています。
それから、どういう依頼でも、できるだけクライアントの想像を超えるようなものにしたい。依頼してくださる方は楽しみにして依頼してくださっているので、その期待以上のものを提供したいですね。

論理的な進め方が僕らの付加価値かもしれない

――日本人の服づくりが今後世界で戦っていくうえでどのような戦略が必要だと思われますか？　また、ニューヨークで仕事をされているなかで、自分が日本人らしいと感じられるのは、どのような点でしょう。

僕もまだまだ勉強中の身なので、取るべき戦略など、そんな偉そうなことを言える立場じゃありません。ただ、日本人としてだけではなく、ものづくりをする人間としてのプライドをもっていたいとは思います。
日本人的といえば、プランを立ててそのためのチームをつくって進めていくという点は、やはり農耕民族的ではないかと思います。収穫するために、まず種を蒔いて肥料をやって、耕してようやく収穫できるという。アメリカ人はどちらかというと狩猟民族的な考えの人もいるとは思いますが、僕は農耕民族なりに、アメリカでやっていこうと思っています。

――農耕民族的な服づくりというのは、具体的にどのようなものでしょうか？

論理性があったり、プロセスをきちんと踏むところでしょうか。コンセプトをいただいたときに、それに沿った論理的な進め方を提案したり。
たとえば「綺麗な花があったから、それをそのまま形にする」のではなく、その花のどこがいいのか、何を表現したいのかをきちんと因数分解し、それにもとづいて進めたいと思っています。ですから、そのレシピから外れると、それは不要なのではないかとクライアントと話したりもします。

――その考え方は、OVERCOATのコンセプトにも感じられます。どんな身長や体型でも着られるというテーマは、熟考のうえで判断された、多くの人が共感し得る強いコンセプトだと思います。

ありがとうございます。先日、あるファッション業界の方がOVERCOATの服を購入してくださり、「無農薬野菜をつくるように服づくりをしていて、すごいね」とおっしゃってくださったんです。それがとても嬉しかった。真面目さをウリにするつもりはないのですが、それがいまの世の中で少なくなっているんだとすれば、もしかしたらそれは僕らの付加価値かもしれないと思います。
OVERCOATの服は決して安い値段ではないですが、本当にいいものをつくろうとすると、それくらいは掛かってしまう。本当に良い服を着て、触れてみたら、きっとその違いをわかっていただけると思います。老若男女問わずそれを体感していただきたい。
買い物はお金と商品の交換ですが、その交換のときにできるだけ価値の高い商品と交換したいと思うものですよね。僕はその期待に最大限に応えたいと思っています。

OVER
COAT
2017
SPRING
SUMMER
COLLECTION
ULIN
GARMENT

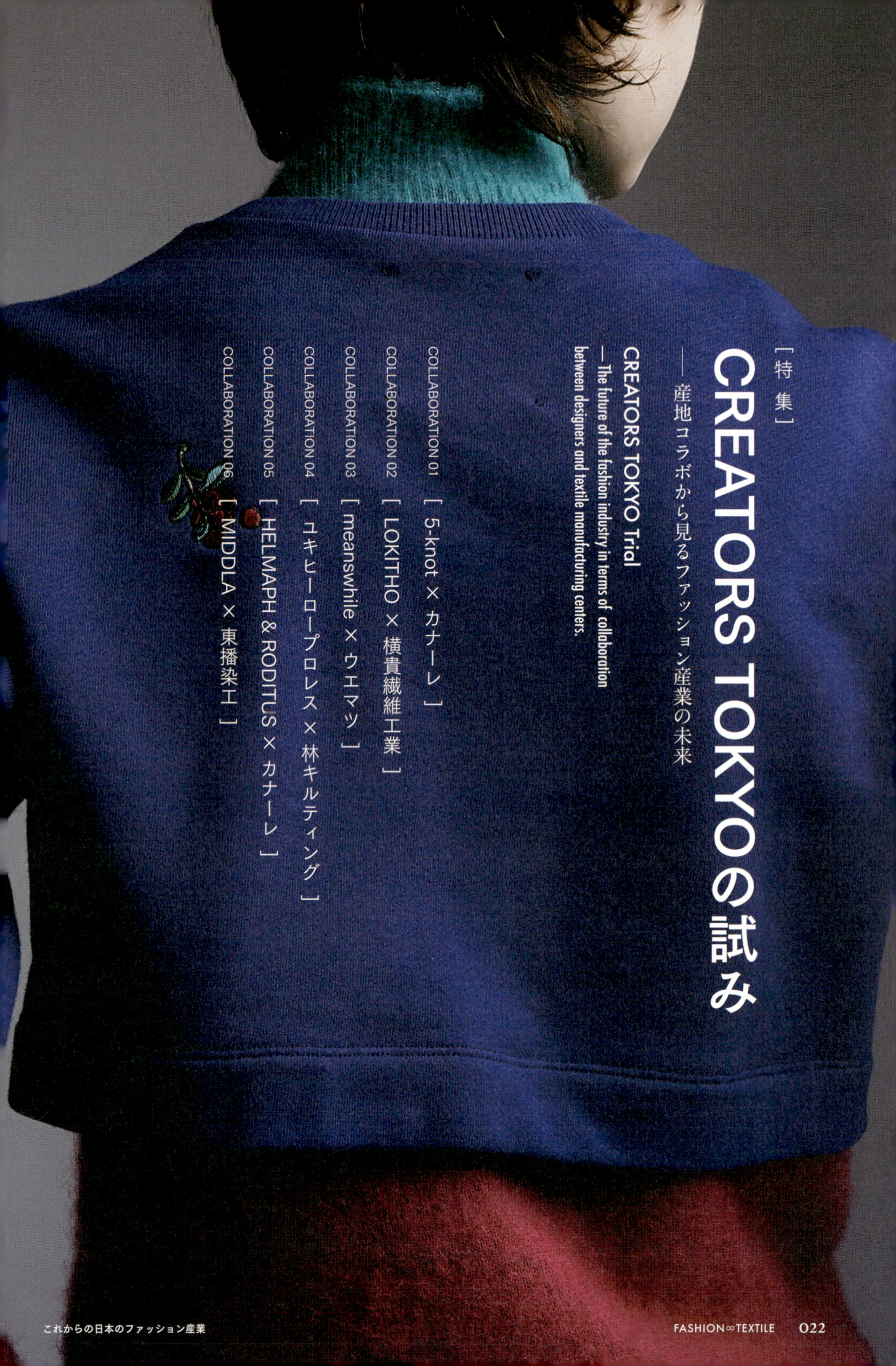

［特集］

CREATORS TOKYOの試み

――産地コラボから見るファッション産業の未来

CREATORS TOKYO Trial

— The future of the fashion industry in terms of collaboration between designers and textile manufacturing centers.

COLLABORATION 01 ［ 5-knot × カナーレ ］

COLLABORATION 02 ［ LOKITHO × 横貴繊維工業 ］

COLLABORATION 03 ［ meanswhile × ウエマツ ］

COLLABORATION 04 ［ ユキヒーロープロレス × 林キルティング ］

COLLABORATION 05 ［ HELMAPH & RODITUS × カナーレ ］

COLLABORATION 06 ［ MIDDLA × 東播染工 ］

2011年にスタートしたCREATORS TOKYOは「TOKYO新人デザイナーファッション大賞プロ部門」の審査に合格した若手デザイナーたちによるユニットです。毎年約10名の選出されたブランドは、3年間に渡るさまざまな支援を受けることができます。

デザイナーが描いたクリエイティブなアイデアを実現する素材開発、商品開発にも力を入れるべく、2016年には各産地の工場との新しい素材づくりが始まりました。今回の特集ではそんな素材開発のストーリーをご紹介したいと思います。

COLLABORATION 01

5-knot×カナーレ

三重織をハンドカットしてつくる
ポンポン付きチェック地

VOICE OF THE DESIGNER

5-knot
鬼澤瑛菜・西野岳人

―カナーレとのコラボレーションはいかがでしたか？

西野　様々な糸を使用した表情のある素材を数多くつくられていますから、ほかにない素材をつくることができると思い、依頼しました。ブランドスタートからシーズン毎に新しくオリジナル素材をつくってきましたが、過去に実績のない方法だったり、新しい素材をつくりたいという依頼は受けてもらえないことも多いのです。

鬼澤　そんななかでも、足立さんと金さんは前向きにお話を聞いてくださいました。足立さん自身が常に新しい素材に挑戦している姿がとても魅力的でした。

―今回のコラボで製作された素材について教えてください。

鬼澤　「ポンポンチェック」は、レトロクラシックのトレンドで、再度注目されているグレンチェック素材を5-knotらしく、新しい解釈で提案しようと開発しました。

グレンチェックに、2017秋冬のテーマカラーであるスパイスイエローとミスティバイオレットのラインを入れ、その糸がポンポン状になってチェックのあいだに出てくるという、立体感のある面白い表情の素材になっています。

ほぼ依頼時の完成イメージ通りに上がりましたが、フィニッシュの加減でポンポンの形にばらつきが出たことが少し予想外でした。この素材でジャケットとパンツをつくりました。

「ドビーストライプ」はランダムにフリンジ状の糸が出て、とても面白い表情のある素材です。コントラストが効いたカラーコンビで存在感があります。しっかりとしたハリ感と重量感があるので、Aラインのマントコートもシルエットがきれいに出ました。

西野　この素材が一番大変で、試作品が上がってきたときには、希望のイメージよりかなり薄く上がっていました。何度も試作していただき、ようやく納得できるものが完成しました。

―心に残ったエピソードを教えてください。

鬼澤　「ポンポンチェック」を製作中にCREATORS TOKYOの片岡さんがカナーレさんに行かれて、ポンポンに加工するためカットした三重織の糸を、手作業で配置通りに抜いている様子の動画を送ってくださいました。

それを見て、実際に何人もの方が、こうやって手作業で5-knotの生地をつくってくれているんだなあということを改めて感じましたね。

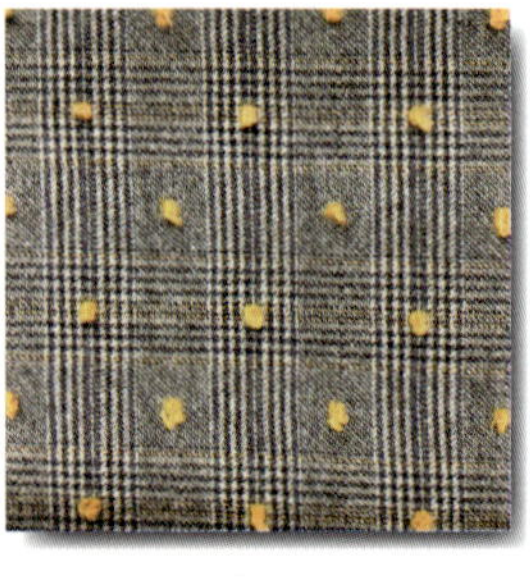

1　「ポンポンチェック」。スパイスイエローの三重織部分をハンドカットしポンポンにしたグレンチェック地。
2　「ドビーストライプ」。ランダムにフリンジ状の糸が出て、とても面白い表情のあるウールコート地。

VOICE OF THE CRAFTSMAN

カナーレ
足立 聖・金 才仙

―5-knotとのコラボレーションはいかがでしたか？

金　今回は3種類つくらせていただいたのですが、基盤のないなか、一からつくり上げたのが「ポンポンチェック」と「ドビーストライプ」でした。「ポンポンチェック」は三重折りの3重の部分をハンドカットして、ポンポンに加工しているんです。特殊な加工ですが、うまくいきました。

「ドビーストライプ」が一番時間が掛かり、イメージ通りの厚みが出なくて、何度かつくり直しました。最初の修正では加工で厚みと見ためを出したんですが、表情が変わってしまいました。最終的にベースになる糸自体を変更し、ドビーの数も調整して完成させています。

また2色のコンビなのでタテ糸を一気に並べられず、2回に分けて並べるよう設計しました。

―生地づくりで一番難しいことは何でしょう？

足立　いただいたサンプルと、希望の生地がまったく違っているときは難しいですね。サンプルはあくまで見え方のイメージとして受け取りながら、一から頭のなかで計算し直さなきゃいけないので。

でも繊維についてより深く考えて構築し直していくことが、次のものづくりの原動力にもなるんだよね。

金　今回の仕事もどちらも足立さんに何度も相談しながらつくっていって。本当に勉強になりました。難しさはあったけれどそれをやらないといろんなことを覚えられないと思っているので。だからこれを苦労とは思わないですね。

―ものづくりで一番大切なのは、何だとお考えですか？

足立　つくっているものを、その背景から、本当に理解しながらつくることが一番大切なんじゃないかと思っています。いろんな製品を見ていても、やっぱり生地にこだわっている製品は、よくできてると思う。そうじゃないものは、デザインや縫製や、いろんなところで逃げているのが見えるから。

最近は現場まで来るような思い入れのある若いデザイナーさんはなかなかいないんですけれど、その点鬼澤さんも西野さんも真剣だなと思いました。

―デザイナーが現場に来るメリットは何でしょう？

足立　つくり手側としては、デザイナーが直接、話をしてくれるとわかりやすいですね。いろんな人があいだに入ると、そんなの聞いてないよという話も出てきたりしますし。デザイナーさんの意図を読み解いて形にするのが、自分たちの一番重要な仕事。そこがスムーズになるので、とても助かります。また話し合ったことが、次の仕事ではより具体的に活かせるというメリットもあります。デザイナーさんには、どんどん現場に来ていただきたいですね。

柄が大きいため２回に分けて整経する様子。

整経したタテ糸を1本1本綜絖（そうこう）に通していく。

COLLABORATION 02

LOKITHO×横貴繊維工業

特注モール糸がポイントの
ベロア風ジャガード

VOICE OF THE DESIGNER

LOKITHO 木村晶彦

横貴繊維工業さんは経験と知識が豊富なうえ技術力も高く、ぼんやりとしたアイデアを理解し形にしてくれる数少ない機屋さんです。弊社のチャレンジングな要望にもいつも応えていただき、たいへん助かっています。製作したコート地も、サンプルのない状態から織り上がりのイメージを想像しながらつくっていったので、とても難しかったですね。

当初、希望の織物に適した糸がなくまず糸を調達するところから始めました。結果的にいつもニット用の糸をつくってもらっている、同じ一宮にあるクラフトFという糸屋さんでポイント部分の太番手のレーヨンモール糸を生産してもらいました。

お互い近くにありながら、つながりのなかった糸屋と機屋をつなげ、ものづくりができたことに新しい可能性を感じました。

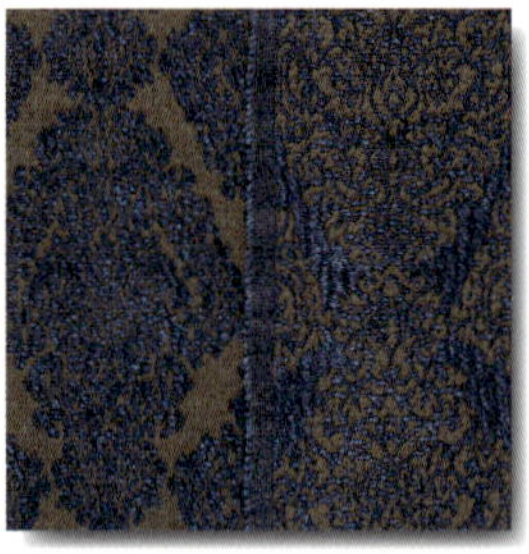

1 手洗いに近いタンブルワッシャー仕上げで、ベロアのような見た目でありつつ、ナチュラルな感じに仕上げた手織り風のジャガード。レーヨンモール糸のポイント部分はブルー。

2 同布黒の色違い。

VOICE OF THE CRAFTSMAN

横貴繊維工業 丹波昭雄

木村さんはテキスタイルのことをよく勉強されているので、イメージを共有するまでのやり取りがとくに楽しいですね。織りは自社ではなく、協力工場の織機の特徴に合わせて生産していることが、多種多様な商品づくりの要になっています。ここ最近は差別化のしやすいジャガードの展開が増えてきました。

今回の商品は意匠の特注太番手レーヨンモール糸でシルキーな高級感をもたせ、手織に近い雰囲気を出せるジャガード織機で織っています。手洗いに近いタンブルワッシャー仕上げにより、ベロアのような見た目でありつつ、ナチュラルな感じでもあるという、微妙な風合いに仕上げることができました。基本的には依頼は断らず、できる限り意向に近い商品を完成させるよう、努力しています。それが自社のノウハウを高め、協力工場の技術力を引き出すことになると考えています。

COLLABORATION 03

meanswhile×ウエマツ

表は艶ありナイロンツイル
裏はコットン起毛の二重織

VOICE OF THE DESIGNER
meanswhile
藤崎尚大

ウエマツさんの工場に伺ったときは、職人さんが着ていた、自身で柿渋染めをされたジャケットがかっこ良かったことが印象に残ってますね（笑）。今回のコラボでは、ジャケット用に表裏でまったく表情の違う二重織の生地を作成しました。表面は艶のあるナイロンツイル、裏面は温かみのあるコットン起毛として、袖を通す部分は滑りが良いナイロンツイル、肌に触れる部分をコットン起毛にするなど使い分けています。

生地の状態から、加工を掛けることで色が変わってしまうので、最終的にイメージした色に近づけるのに苦労しましたね。加工方法の違いでまったく違う表情に変わりますが、求めていたイメージにぴったりの加工をご紹介いただき、納得のいく素材開発ができました。

1　二重織の表のナイロンツイル部分がブルー、裏のコットン起毛部分がイエロー。
2　同布の色違い。表がカーキ、裏がオレンジ。

VOICE OF THE CRAFTSMAN
ウエマツ
岡省二

テキスタイルの染色加工仕上げを専門に、特殊な加工も小ロットの注文から受けているので、多くのデザイナーさんと協業させていただいています。そのなかでも藤崎さんのデザインはとても独創的で、デザイナーによってこんなに変わるものかと思いましたね。

今回は手作業での加工に苦労しましたが、企画したテキスタイルが製品になり世に出たときは鳥肌が立つぐらい嬉しかったです。デザイナーとの協業ではイメージするテキスタイルの状態を明確にし、完成させるまでの長い話し合いのあいだにテキスタイルがアイテムになる過程への理解が深まって勉強になります。

COLLABORATION 04

YUKIHERO PRO-WRESTLING×林キルティング

プロレスマスク柄キルティング

VOICE OF THE DESIGNER

ユキヒーロープロレス 手嶋ユキヒーロー

毎シーズン、できるだけ斬新なテキスタイルを発表しようと目論んでいます。プロレスとヒーローを定番モチーフとしているので、今回はプロレスマスク柄をキルティングで表現してみました。

何といっても、林工場長の挑戦する姿勢と、一緒にいいものをつくってくれようという心意気が嬉しかったですね。わざわざ大阪から何種類ものサンプルをもって、東京で見せてくれたことも心に残っています。

製作過程では、柄のバランスが難しかった。どういう風にしたらキレイに見えるか、すごく悩みました。

今回作成した生地を使って、17・18秋冬ではブルゾンをつくることにしています。この生地はブランドの定番にして、これから様々なアイテムをつくっていきたいと思っています！

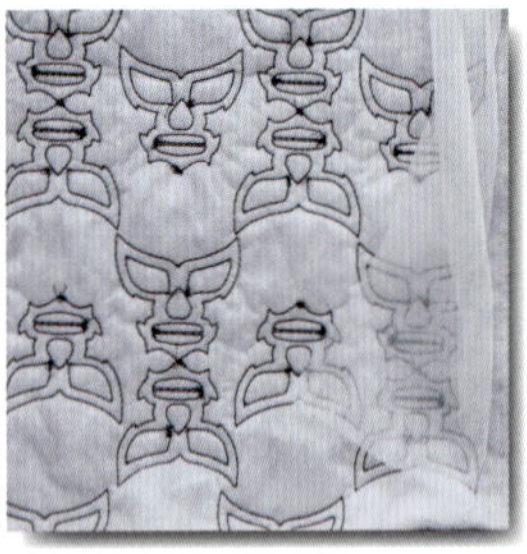

1 2

1 プロレスマスク柄を表現した、黒生地に白ステッチのキルティング。繊細さを残すため細番手の重ね縫いとしている。

2 白生地に黒ステッチの色違い。

VOICE OF THE CRAFTSMAN

林キルティング 林 千尋

東京で初めてデザイナーの手嶋さんにお会いしたとき、彼はサンダル姿だったんですよ。よくよく聞いてみるとそれがお洒落だということで、そのジェネレーションギャップに驚いて、深く印象に残っていました（笑）。彼はとにかく情熱をもっている人。それに突き動かされるかたちで今回の作品ができ上がりました。

当初は黒生地に同色ステッチという案だったのですが、弊社から白ステッチを提案し、認めていただいたのが嬉しかったですね。どこまでも繊細さを残して色を出したかったので、あえて細番手の重ね縫いとしました。

デザイナーと直接やり取りできるものづくりでは、企画・デザインする側と、ものづくりをする側とがセッションできることが何といっても利点ですし、魅力でもあると思います。

デザイナーが現場を実際に見て気づくこともたくさんあると思うし、反対に職人がデザインを見て刺激を受けることもあります。やはり現場を大切にしつづける姿勢をもっているブランドが残っていくのではないでしょうか。逆にいえば可能性はそこにしかないと考えています。

YHP
BORG

COLLABORATION 05

HELMAPH & RODITUS×カナーレ

フィルムテープを織り込んだ ツイード

VOICE OF THE DESIGNER

HELMAPH & RODITUS 樋口公博

初めての生地特注だったので、工場に伺う前は、どんな風に進めていったらいいのか正直、戸惑っていました。初めてお会いした足立さんは、自分のつくった生地を誇らしげに、そして丁寧に説明してくださって。その姿にものづくりの先輩としての人間的な魅力を感じ、ぜひ足立さんのつくった生地で自分の洋服をつくってみたいと思いました。話をしているうちに、いつの間にか迷いもなくなり、自然とつくりたいものが描けました。「異素材の組み合わせによる新しいデザイン」をコンセプトにしているので、今回はクラシックなツイードの生地に、ウールや太番スラブリング、ウールスラブのかすり糸のほか、フィルムテープなどの異素材も織り込みました。おかげでクラシックだけれど、新鮮なイメージの生地ができました。このお気に入りの生地で、ブルゾン、コートドレス、ショーツ、シューズ、バッグ、キャップなど、いろんなアイテムを制作しました。

1　ウールや太番スラブリング、ウールスラブのかすり糸のほか、フィルムテープなどの異素材も織り込んだ緑ベースのツイード。クラシックでありつつ、新鮮なイメージ。
2　同布黒の色違い。

VOICE OF THE CRAFTSMAN

カナーレ 足立 聖

樋口さんが最初に工場にいらしたとき、ハンガーサンプルを熱心にご覧になっていたのがすごく印象的でした。

その後すぐに、初めての発注をいただきました。発注書の書き方がわからないとおっしゃるので、見本を基盤にする前提だったし、好きなように書いてくださいとお願いしたら、その発注書が面白かったんです。ツイード生地だったのですが、色の配色をすべてパーセンテージで書いてあって。黒が5%、ラメが3%、とかね。発注書をいただいたその場で、見本の糸を引っ張ってきて、貼り付けて、話をお聞きしながら、一緒にイメージを組み立てていきました。

COLLABORATION 06

MIDDLA×東播染工

究極のタイプライター

VOICE OF THE DESIGNER
MIDDLA
安藤大春

２０１７秋冬からオリジナル衿を用いたシャツラインを展開するため、東播染工さんとブランドオリジナルのシャツ地で究極のタイプライターをつくることにしました。

デザイン・染色・織り・加工までの一貫設備をおもちなので、糸から加工まで、徹底した素材開発ができました。最高の糸（スーピマ糸）を使い、風合いが残るようギリギリまで打ちこんで、最高の起毛加工を掛けました。自分のわがままで染色や起毛加工で何度もチャレンジしてもらうことになり、そのため納期もずれ込むなど、たいへんな仕事になってしまいました。しかし適度なハリ感がありながら、なめらかでヌメリ感のある希望のタイプライターが仕上がったと、とても満足しています。この生地でシャツやシャツワンピースなどを製作する予定です。

1　最高の糸（スーピマ糸）を使い、風合いが残るようギリギリまで打ちこんで、最高の起毛加工を掛けた、究極のタイプライター地のシャツ。
2　オリジナルの衿を用いている。

VOICE OF THE CRAFTSMAN
東播染工
川村 香芳理

私たちは播州織りの伝統を受け継ぎながら、ドレスシャツ地を専門につくりつづけてきました。

ですから安藤様から「イタリアのシャツ地を超えたい」とお聞きしたときには、私たちも同じ思いをもつ同志として是非一緒に上りつめたいと強く感じたのです。

色々な制約があるなかで、それでも妥協しないモノづくりはたいへんでした。

ただデザイナーの思いを直接受け止め、それに共感できたからこそ、同じスタンスでベストなものをつくれたのだと思います。

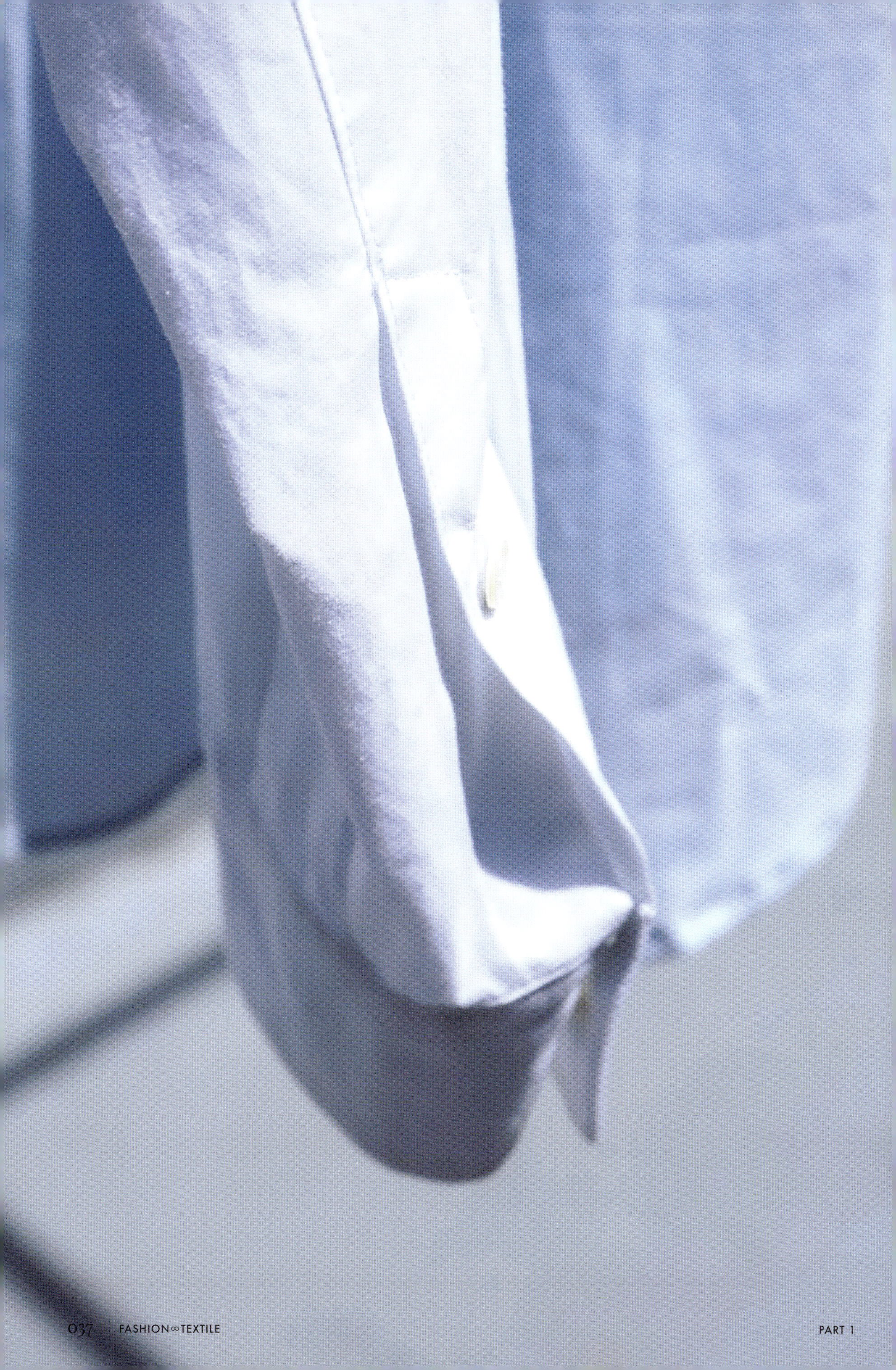

ASK THE DESIGNER

日本の産地とものづくりをするメリットは？

安藤大春

MIDDLA

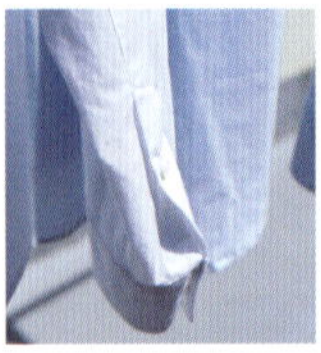

実際に現場に足を運んで、相談ができるところが国内で生産することの良さですね。ものづくりの現場や空気感を味わえるので、生地への思い入れが生まれるし、デザインにもそれが現れてきます。デザイン画を描いていると、その生地の工場や関わった人たちの顔が浮かんでくるんですよ。

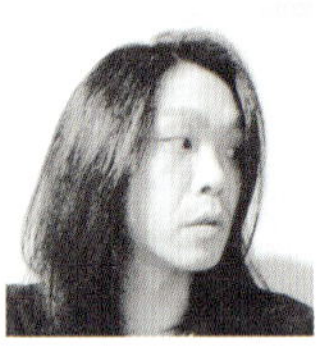

樋口公博

HELMAPH & RODITUS

描くものを言葉で表現するのが苦手な自分にとって、同じ日本というバックグランドをもった人間同士の協働作業には安心感があります。色やサイズ、厚み、風合い、すべてのバランスをとって完成させるまで、緻密な作業の連続です。このような作業が可能なのは、日本人ならではの国民性なのかなと感じます。

手嶋ユキヒーロー

YUKIHERO PRO-WRESTLING

そやっぱり工場の方は“Made in JAPAN”の名にプライドをもっている。デザイナーも工場の方も、いいものをつくって「日本製はいいんだぞ」ってことを見せつけたいという思いがあるから、力を合わせてひとつの作品をつくれる。それが国内でものづくりをすることの魅力です。

藤崎尚大

meanswhile

何か問題があったときに、自身が駆けつけられる距離感が利点のひとつですね。コミュニケーションが取りやすいことで、こちらの意図以上のものを返してくれ、相乗効果が生まれやすいことも魅力です。

木村晶彦

LOKITHO

自分が何をつくりたいかを直接会って日本語で伝えられることが魅力。ただのサンプルの焼き直し、何かのコピーであればその必要もないですが、そうでない独自のものづくりをする際には、そういったコミュニケーションの深度がポイントになります。そういった要求に応えてくれる技術者が各産地にいることにものづくりの可能性を感じます。

鬼澤瑛菜・西野岳人

5-knot

海外でコレクションを発表していると、「日本の素材は品質が良い」という評価が浸透している印象を受けます。独自性の高い素材は国内外で反応が良く、小ロットの発注でも対応いただけることはたいへんありがたいですね。また製作時のイメージ共有や、スムーズな進行のやりとりが可能なのは、ブランドにとって大きな利点です。

ASK A CRAFTSMAN

自社工場の得意分野は？

東播染工（株）

address
兵庫県西脇市
高田井町 224
tel
0795-22-1001

日本で唯一のデザイン・染色・サイジング・織り・加工まで一貫で行う先染め織物に特化したテキスタイルメーカーです。綿織物を主軸に、熟練の技術を駆使した企画は得意のドレスシャツ地からアウター地まで展開します。また環境に配慮した素材や服地だけにとらわれない多様な素材への開発にも取り組みます。

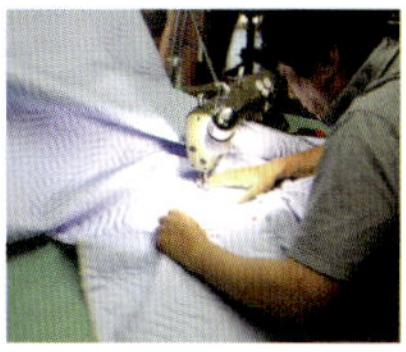

林キルティング

address
大阪府岸和田市
稲葉町 480
hp
http://hayashi-quilting.com/
※ HPより問合せ可能

キルティング加工、カットソーの様々な加工を中心に、ステッチに関するどのような要望にも対応します。自社工場中心の作業のため、繊細で複雑なサンプルアップにもていねいで素早いレスポンスが可能です。

（株）ウエマツ

address
福井県福井市
下河北町 7-5-4
tel
0776-38-9700

テキスタイルの染色加工仕上げが専門。ポリエステル・ポリカチオン・ナイロン・綿・レーヨン・シルク・ウール地（混率30%まで）の一般染色仕上げ加工、ならびにナノアグア加工・自然染め（ハイブリット染色）・ディボック加工・塩縮加工・オパール加工・顔料コーティング・マディロ加工・SG 加工などの特殊加工も行います。

横貫織維工業（株）

address
愛知県一宮市奥町字畑中
105
tel
0586-62-1151

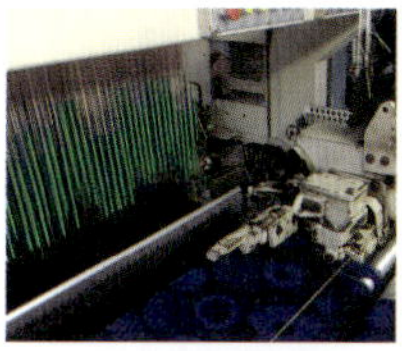

スタンダードなものから風変わりなものまで、幅広い布地を生産しています。近年はとくにジャガードの展開を増やしています。協力工場の織機の特徴に合わせて生産するため、多種多様な商品づくりが可能です。

（有）カナーレ

address
愛知県一宮市東加賀野井
字江西 38-1
tel
0586-68-1206

色・糸・柄・織り方のすべてにこだわりながら、年季の入った古いシャトル織機を駆使し、手織り感覚を再現したツイード織物を生産しています。多品種少ロットで受注しながら、ハンドメイドで仕上げを加える手法が得意です。

［インタビュー1］

これからの繊維・服飾産業が取り組むべきこと

Future challenges for clothing and textile industries.

菅野将史
経済産業省 製造産業局
生活製品課 課長補佐

宮浦晋哉

高い品質の素材、縫製技術をもつ日本の繊維・服飾産業。しかし、国内生産量は減少し、存続も危ぶまれる状態といわれています。経済産業省製造産業局に所属する菅野氏に、これから進むべき道について製造段階の課題、強みを活かした商品づくりなどの視点でお聞きしました。（聞き手：宮浦晋哉）

技術だけではなく、工場の仕組みも改善すべき

——菅野さんは、現在の日本の繊維産業の課題をどのように考えていらっしゃいますか？

日本の繊維産業は技術力には秀でている、とかねてからいわれますし、とくに川中のテキスタイルの製造においては間違いないと考えられるのですが、ではそれで十分かといえば必ずしもそうではありません。大きな課題として、つくるのが遅いという課題があります。

ジェトロ（独立行政法人日本貿易振興機構）の専門家や私などが欧米の高級ファッションブランドのＭＤ（マーチャンダイザー）やテキスタイル調達担当から取材するなかで、テキスタイルのサンプルや製品の納期に課題が見えてきました。

たとえば次シーズンのイメージやラインナップを２週間後の会議で決める必要があるというときに、30種類程度のサンプルスワッチを要求しているのに関わらず、日本企業に頼むと４週間後に厳選した４点が届くといいます。製品についてはイタリアや韓国、中国のテキスタイル企業では、納品が45日から60日が相場観のところ、日本企業は60日から90日、遅いところでは１２０日掛かります。遅い理由のひとつは、そもそも開発や生産の工程に時間が掛かりすぎていることです。昔ながらの技だから仕方ないと思われるかもしれませんがイタリアでも同様に伝統的な工法を守ってやっているわけです。

日本の工場が遅いのは、実際に糸の加工や染色のプロセスに時間が掛かっているわけではなく、糸や生地が寝ている時間が多いと見てもよいと考えます。職人が時間を掛けてつくっているのではなく、職人がつくってから次の職人に渡るまでに時間が掛かっているわけです。日本の繊維産業は、つい十数年前まで契約書すら交わしていなかった商慣行の名残りで納期のプレッシャーが思いのほか弱いのですが、これが繊維産業のなかでも自動車産業の一翼を担っている企業では別で、たいへん効率的に運営されています。

たとえば、北陸のタテ編みニット業界では、従業員の多能工化から設備の物理的な配置の改善、生産の自動化まで、非常に理知的に取り組んでいます。自動車部品として商品を卸す際に、当然のように自動車メーカーに鍛えられてきたからですね。同じような企業が、そうした洗練された生産プロセスでもって、欧州の大御所のファッションブランドにも商品を提供していたりもします。

——技術の高さだけでは経営はうまくいかない。工場の仕組みの改善にもきちんと取り組んでほしいということですね。

伝統的なつくり方を守りながらも、縫製工場のミシンのレイアウトを人間工学的に優れたものに変更するとか、段取りを明文化する、在庫管理をＩＴ化するなど地道な生産性向上の取り組みを行えば、同じ技術を使ってもより早く、少人数でつくれ、もっと利益が出せるはずです。

経済産業省も支援するロボット革命イニシアティブ協議会が選定した「スマートものづくり応援ツール」には写真で在庫を管理するアプリなど、中小製造業向けの安く簡単に使える業務用ツールがあります。これを70歳の職人にいきなり使ってくれというのは難しいかもしれませんが、代替わりした社長なら音頭は取れるのではないでしょうか。また、ＩｏＴの活用を支援する拠点や、より基本的な５Ｓ、カイゼンをアドバイスする専門家派遣事業も各地の自治体が設けています。このような仕組みもぜひ利用していただきたいと思っています。

内製化を図ることで商品の魅力がアップする

——業界構造にも改善の余地があるように思いますが、いかがでしょう。

日本の繊維産業は構造が複雑で、たとえばテキスタイルの生産から納品までの流れだけを見ても、まず糸の生産者が糸をつくり、糸商社がそれを買い、撚糸《ねんし》や嵩高加工などを外注して戻し、それを生地コンバーターに売り、それを機屋、染色、整理加工などに送り戻し、ようやくできた生地をアパレル企業に卸す。服に仕上がるまでにはまたデザイナー、パタンナー、縫製など別の業者を通すので、全部で十数工程も必要になるわけです。

しかし、これは本当に日本ならではの匠の技を活かした製品を世に出すのに最適なシステムなのだろうかという疑問も湧きます。

むしろ、途中のプロセスに大勢の人間が入ることによる弊害もあるはずです。糸や生地の生産者は衣料品に姿を変えた自社製品の状態を知ることができないため、仕事に対する意欲が湧かなかったり、その服を自分たちで着ることもないので消費者の問題意識を共有せず、センスを磨くこともしない、という事例も多く見受けられます。

逆にアパレル企業や量販店、専門店などの小売り業者は自分たちが企画・販売している商品の素材についてわかっていない。どういう素材をどう加工し生地にしているかを知らずに、生地サンプルを組み合わせてデザインしているだけでは、やはり魅力的な製品をつくるのは難しいのではないでしょうか。

——スピードの点からも、商品の魅力という点からも、内製化は利点が高いですね。内製に成功している企業の例を教えていただけますか？

あるニット糸・ニット製品メーカーでは、下請け中心の糸メーカーから世界的に認められる糸ブランドに成長しました。糸、ニット製品をつくるだけでなく、ファッションブランド、そしてショップまでもち、小売りまで行っている、究極の例といえるかもしれません。

またいわゆる産地問屋と呼ばれていた企業が自分たちで素材を企画したり、機械をもったり、つくることが増えているように思います。ある傘の生地メーカーでは、元々は傘用の生地の製造・販売会社として企画業務も行っており、地元の機屋にも製造を振り分け、生地を卸していましたが、高齢化によって地元工場が廃業することが多くなったため、生地と傘づくりの生産までを一部内製化しました。そこで質のコントロールや納期の短縮、自社ブランドの確立など、色々なことができるようになったと聞きます。

産地と協力体制をつくれるブランドが強い

——昔ながらの商取引慣行にも弊害があるようですが、いかがでしょう。

繊維業界でも、日本繊維産業連盟とSCM協議会が3月に自主行動計画を策定するなど、改善への意識は高まりつつありますが、いまだに歩引きや不当な返品があったり、小ロットでも大ロットと同じ値段を要求されたり、契約書を交わさなかったりなどの事態が起こっています。

伝統は大事ですが、昔ながらの慣行を残しているから、良い製品ができるということではありません。少なくとも公平でお互いが安心して仕事ができる仕組みをつくることが大事だろうと、最近は経産省では下請関連の適切な商慣行を促す試みに力を入れています。

大手よりも、個人で活動している若手や中堅のデザイナーのほうがそのあたりをしっかりと考えていて、産地に行ったり、素材を工場と一緒に開発したり、縫製工場も苦労しながら探すなどして、産地との協力体制を整えようとしています。そのような素材から加工、企画、販売まで一貫して手掛けるデザイナーには、国際的な競争力もあります。

また、ほかにはゴスロリやヤンキー系、メディカル用途、漁師の着る防水服や学校のユニフォームなどの特殊な衣料品をつくる業界は、業界構造が比較的きちんとしている。そしてヨーロッパの高級ブランドや中国の安価な商品の攻勢からも日本の商圏を守っていて、日本ならではの衣料品というジャンルも確立しているのです。狭くてもニッチな市場のほうから学べることも多いのではないでしょうか。

——ファッションブランドと関連業者が良い関係を保つことで成功している例がありましたら教えてください。

最近はトレンドのサイクルが二極化し、ZARAのように数週間単位で入れ替わるか、それとも顧客をがっちり掴める定番品を長く売るか、に分かれてきています。そうした定番品ではブランドが関連企業と長く関係を築いていくことを前提に様々な取り組みを行っています。

トレンドにとらわれず、技術を磨きながら安定して高い商品力のものを大量につくり安く販売することが可能なため、たとえば、あるメンズのシャツメーカーでは複数ある縫製工場と長期安定的に供給する契約をしています し、あるジーンズのメーカーは社内工場と協力工場を対等に扱い、工場長同士のノウハウや設備の情報などを共有しています。また別のアパレル企業では、提携するニットメーカーだけではなくニット機械のメーカーも交えた協働構造をつくり、新たなニット製品を一緒に開発しています。とある高級ブランドも北陸の一流工場と組み、ランウェイにとんがった服を毎年発表しながらも、量販用にはその工場の加工技術に裏付けされた高い品質のものを販売しています。

このように半年ではなく数年単位で、一緒に良いものをつくっていこうという発想でやっているところが、やはりウリが明確になって強いですね。

羊毛調達から販売まですべて自社でまかなうイタリア高級ブランド

――海外では内製化の動きに向かっているのでしょうか?

イタリアのブランドもそういう関係で服づくりをしているところが多いし、自社ですべてを内製化しているところも多くあります。

去年イタリアの毛織物産地として有名なビエッラを訪れ、地元の著名な企業にいろいろな話を聞いてきました。そのうちの1社は、紳士服の世界的なファッションブランドでもあり、高品質の毛織生地をつくる老舗テキスタイルメーカーでもありますが、バリューチェーンの最初から最後まで自社で賄っていることには驚きました。内モンゴルで羊の毛を調達してくる人からそうです。次の段階の電子顕微鏡で良い毛だけを選び、ほどほどの毛は値段交渉して、悪いものは返品するという工程は、白衣を着た専門的な教育を受けた社員が行います。その毛を糸にして、生地にして、メンディングして一手間掛け、最後はあざみに擦り付ける。工場でこれらの工程を行うのも自社の社員です。昔はそういう作業をビエッラの中小零細の専門業者に外注していたのですが、徐々に内製化していったそうです。そしてMDやデザイナー、さらに販売員までもすべて自社です。面倒くさい部分を下請に押し付けるのではなく、自社で抱きかかえることによって、そのコスト以上に高い付加価値を生み出そうとしています。

中核となっているのはMDとデザイナーで、彼らは素材の調達から工場の生産、生地やスーツの企画、販売までのすべてを取り仕切っている。その工場は別にハイテク機器がたくさんあるわけでもないし、仕事も日本の職人ほどきっちりしていないのですが、お金も人も、掛けるところは掛けていて、何にしても一貫して製品を最初から最後まで見ているのが強みです。

高度な専門教育がイタリアの繊維・服飾産業を支える

――その中核の責任者はどういった教育を受けているのでしょうか?

ひとつの例ですが、ビエッラには「ビエッラマスター」という修士相当の資格を授与する、ファッション素材の専門学校があるのです。その学校の入学試験は毎年行われ、まず10倍ほどの倍率の試験があり、受かった20人が4週間現地の工場を見学しながら勉強し、さらに選抜された5人だけが入学を許される。その5人は1年間、学費免除のうえ生活費も支給されながら、最初の半年間はひたすらウールの紡毛《ぼうもう》、梳毛《そもう》など素材の基本を工場のラインにも立って、自分の目で確認しながら勉強していく。

残りの半年間は世界中を回って、オーストラリアで実際に羊の毛を刈ったり、日本で百貨店市場やイージーオーダー市場とはどういうものなのか、ニューヨークでファッションショーとはどういうものなのか、などの実地研修を受ける。そんな勉強をした人たちがゼニヤやグッチ、プラダなどの幹部社員になっていくわけです。

――その運営は国が行っているのでしょうか?

国は関わっておらず、プラダやアルマーニやロロ・ピアーナなどの民間企業がスポンサーとして出資しており、じつはある日本の化繊メーカーも参加しているんですよ。縫製の世界ではローマに同様の学校がありますが、政府からはそれほど出資していません。民間ベースで上手くスポンサーを募り企画しています。日本では「尾州インパナ塾」が一番近いものではないでしょうか。

――そういう高度な教育を行う学校がイタリアの繊維・服飾産業を支えているんですね。

日本でも、厚生労働省に「キャリア形成促進助成金」という、工場の従業員に対する研修費用を助成する仕組みがあります。繊維業界の皆様も払っている雇用保険を原資に毎年、数百億円単位の予算が付いているのですが、プラスチック成形や金属加工など他業界では浸透しているのに対して、残念ながら繊維業界ではあまり利用されていません。

経済産業省でも、「ものづくり中核人材育成事業」という民間の指定講座に中小企業が社員を派遣すると費用の3分の2が交付される制度があります。こういった制度をもっと有効に利用してほしいと思います。

素材のストーリーを消費者にアピールしていくことが大切

――世界では、日本の繊維・服飾産業はどういったポジションにありますか?

繊維・服飾産業の輸出額では、先進国のなかでは、原料、糸や生地、衣料品すべての分野でイタリアが圧倒的な強さをもっています。

素材の輸出額では、日本は先進国のなかで、イタリアと韓国、ドイツの次に位置しています。品揃えについても、日本は化繊もできれば麻、綿、絹、毛もつくれ、撚糸、製織《せいしょく》、ニットもすべての素材を生産しており、これは化繊頼みの韓国や台湾には真似ができない強みです。

糸や生地の輸出ではそれほどでもないフランスやイギリス、アメリカが、衣料品の輸出額では比較的高い輸出額を確保しており、日本は圧倒的に少ない。これは日本が完全に内需しか見ておらず、日本のなかで閉じているからです。衣料品は繊維・アパレル産業輸出額のうち6%ほどしかありません。さらに10兆円規模という日本の衣料品市場の金額のおよそ4分の3が輸入品です。

素材開発力もデザイン力もあるにもかかわらず、衣料品という最終製品で国内市場でも輸出でも伸び悩んでいるのは、先ほど話したような産業構造の問題と、さらに消費者側にうまくアプローチできていないという両方の問題があると思います。

——消費者にアプローチするためには良い方法はあるのでしょうか?

日本の服飾産業にとっては、メンズファッションに可能性があると思います。いまのメンズファッション誌は、わかる人にしか、わからないような着こなしの妙を取り上げているので、普通のサラリーマンにはきっと理解できないと思うのです。お洒落でふわっとした世界観を表現するのではなく、蘊蓄《うんちく》を語るような方向に舵を切ってくれないかなと思います。

メンズファッションには、デニムでは「赤耳」などのディテール、スーツであれば「丸縫い」など、「通」の人に受けるこだわりの世界があるわけです。

さらに最近は消費者のニーズも多様化し、製品の特徴を勉強してストーリーを楽しむような人も増えている。ですから、素材のストーリーを消費者にアピールしていくことがとても大事だと思っています。「J∞QUALITY」などもその一端ですね。

こういう衣服は、地場の匠の品などもコストパフォーマンスを考えながら取り入れ、ライフスタイル全般をつくっていくような、良くいえば洗練された、ちょっと意地悪くいえば「意識高い系」の人たちには、アピールすると思います。

——そういった噛み締めて楽しむようなタイプは日本だけでなく、世界にもいるはずですね。

こういうこだわりの世界は、日本だけでなく、世界のメンズに受けるはずです。イタリアの繊維産業がそういった服づくりを得意としていますが、フランスやイギリス、ドイツなどのトップブランドはそれを実現する裾野がないので、結局はイタリアか日本から調達するしかない。中国や韓国、台湾なども、なかなか追いついて来れないところでもあります。

実際、デビット・マルクスさんの『Ametora: How Japan Saved American Style(アメトラ:日本がアメリカンスタイルを救った物語)』という本に詳しいですが、アメリカのメンズファッションの通は、石津謙介さんのVANからの伝統を踏まえた「鎌倉シャツ」を買ったりしています。デニムの世界でも、アメリカのジーンズを咀嚼してつくった日本産のデニムが高評価を受けています。「お洒落」というよりは「通」の人が好む服づくりに日本は強いんですね。このジャンルを目指していくことが国内の市場を取り返すにしろ、世界に打って出るにしても、日本の繊維・服飾産業が生き残るひとつの大きな道ではないかと思います。

PROFILE

菅野将史 / Masashi Sugano

経済産業省製造産業局生活製品課課長補佐(総括担当)。1977年大阪府生まれ。米国の大学を卒業後、2001年に経済産業省に入省。サービス産業、ISO/JIS標準化、EPA/FTA交渉、中堅・中小企業支援などの分野に携わる。その間、2006年に英国にてMBA取得、2009~2012年に掛けて在南アフリカ共和国大使館勤務。2015年7月から製造産業局繊維課課長補佐(企画調整担当)、2016年6月から現職。

［インタビュー2］

パリから見たテキスタイルのポテンシャル

The potential of japanese textiles, as seen from Paris.

斎藤 統
神戸芸術工科大学・
名古屋芸術大学・
和洋女子大学 客員教授

左より、宮浦晋哉、斎藤 統氏、扇 千花氏／名古屋芸術大学教授。

若くしてフランスに留学し、Yohji Europe、ISSEY MIYAKE EUROPE S.A. ほか、さまざまなファッションブランドの経営を任され、海外の多くのメゾンと交流をもち、現在もフランス・パリに住む斎藤 統氏。ヨーロッパの産地をめぐる状況や、日本のテキスタイルの評価、海外市場参入に必要な戦略、そして日本が求められる「オールジャパン」についてお聞きしました。（聞き手：宮浦晋哉）

パリでの起業の経験を買われ Yohji Europe 社長に抜擢

――斎藤さんは長年にわたりフランスを拠点にファッションに関わるビジネスをされていますが、フランスとの最初の出会いはどういったものだったのでしょうか？

僕らの学生の頃は「これからはアメリカだ」という時代だったんです。私はへそ曲がりなので、だったら私はヨーロッパだと。何かひとつでも外国語を話せたら世界が広がるなと思って、フランスに渡ることにしました。

リヨン大学に留学したのですが、結局、卒業はできなかったんです。在学中に結婚してしまったものですから。そこで仕事を探し始めたんですが、その頃のリヨンは日本人向けの働き口が何もなかったんですね。そこでパリに出て、高島屋のパリ支店に販売員として入社しました。ただ日本人のお客さん相手の接客に徐々に退屈してしまって。刺激を求めて、ＪＴＢパリ支社に転職したり、起業して会社経営をしたこともありました（１９７８年日仏間の情報交換を主な業務とするSavelineを設立）。そんなことをしているうちにたまたまYohji Yamamotoとの出会いがありました。

――たまたま、ですか！　どんな出会いがあって、Yohji Europe 社長になられたのか、とても気になっていました。

１９８０年当時、大使館にいた友人に「山本耀司さんがフランスで経営ができる日本人を探している」という話を聞いたのです。ちょうど耀司さんの右腕としてパリに駐在していた田山淳朗さんとお会いすることができて、その後15年ほどお世話になりました。

ですから、初めて洋服の業界に入ったのが30歳のときです。それまで、ファッションの「ファ」の字も知りませんでした。

――最初のお仕事はどんなものだったのでしょうか？

その頃、山本耀司さんが海外進出のためにYohji YamamotoというY'sとは一線を引いた別のブランドをつくり、１９８１年４月、パリの舞台でコレクションを発表しました。そのときにCOMME des GARÇONSの川久保玲さんも一緒にショーを開催しました。そのときに無我夢中でショー準備やら展示会準備やら早くファッション界の仕事を覚えようと走り回っていたのが僕の一番初めの仕事ですね。

デザイナーには注文をつけられないのがプレタポルテのメゾンの仕事

――山本耀司さんがクリエイティブを、斎藤さんがビジネス面を支えてこられたのですね。どのようなところが一番のやりがい、または苦労された点でしょうか？

服飾クリエーターのメゾンでは、デザイナーがすべての主導権を握っています。企業デザイナーとはまったく違うわけですね。世の中で黄色が流行ろうが、赤が流行ろうが関係ない。ご存知のようにあの時代は、山本耀司さんや川久保玲さんは白と黒とグレー、紺色くらいしか使わなかった。一方で一生さんは色をふんだんに使い、賢三さんはプリントを使うなどそれぞれに強い特徴がありました。

そのとき、デザイナーがつくるものをどう世の中に発信していくかを考えるのが私の役割。ビジネスサイドからこういうものをつくって下さいって言えないのが、クリエイティブなデザイナーとの仕事ですね。それがやりがいでもあり、苦労でもありました。

――日本国内の産地にも足を運ばれたのでしょうか？

そうですね。「俺の服を売るヤツが服のこと、生地のことを知らなかったら困る」という耀司さんの考え方です。彼にとってはテキスタイルを新しくつくっていくことは重要だったので、生産についても理解してほしいと仰っていました。

日本に帰ってくると、耀司さんについて、尾州にも行きました。当時の私は繊維の専門用語が全然わからなくて。「みんなトップ（綿の原毛）とかヤーン（紡いだ糸）とか言ってますけど、何のことですか？」と耀司さんに聞くと、トップダイ（綿の原毛を染色すること）している現場にも連れて行ってくれました。やっぱり目の前で現場を見ると印象に残ります。おかげでテキスタイルにもすごく興味をもちました。

——じつは斎藤さんはビジネスサイドが専門とのことで、テキスタイルのことはそんなに詳しくないのかと思っていたのですが、今日1日一緒に工場を回らせていただいたら、素材の組織や加工について非常に詳しくてびっくりしました。

その後Yohji Yamamotoを15年間務め、山本耀司さんが「マイスター」とも呼ばれるようにもなって、自分の役目はひとつ終えられたかなと思い、退社することにしました。Yohji Yamamotoが生まれた当時のパリでは、山本耀司の名はまったく知られていませんでした。

耀司さんを世界レベルで有名な人にしたい、彼の才能を私が経営者として後押ししたいというのが当時の私の夢でした。それを叶えられた気がしたんですね。

——斎藤さんは、1994年にYohji Yamamotoを退社された後Exil S.A.、JOSEPH Japon、Casabo、ISSEY MIYAKE のヨーロッパ社（ISSEY MIYAKE EUROPE S.A.）の社長を務められました。

Casaboでは「サロン・カサボ」という合同展を催していました。そこでは世界中のバイヤーを対象に、日本のデザイナーさんも含めて世界中のデザイナーの作品を展示しましたね。またその時代では早すぎたコンセプトだったのですが、Casaboはファッションを生活全体を包括するものとして考え、服だけではない展示会を展開しました。いまでも仲間のフランス人に、「オサムとクリスティンヌが主催したCasaboのコンセプトは10年早かったね」と言われます。

日本のテキスタイルは ヨーロッパのデザイナーに 注視されている

——いろんなブランドとのお付き合いがあると思いますが、日本のテキスタイルが海を渡って愛されていることを、斎藤さんは肌で感じることはありますか？

日本のテキスタイルは海外、とくにヨーロッパで非常に高い評価を得ています。たとえば天池さんのスーパーオーガンジーをうまく使えるのは日本人以上にフランスなどヨーロッパの人たちだと思います。日本人は非常に職人的で芸術的なものをつくるのが得意。その伝統的な技に最新の技術を合わせてどのようなものを生み出すのか、ヨーロッパのデザイナーは注視していますよ。ディオール、シャネル、エルメスを始めトップブランドは日本の機屋さんに買いに来ています。

20年以上前ですが、岡山県のデニムも、世界中のデザイナーがデニムは日本産しか使わないっていうぐらい、日本産のデニムに火をつけましたね。

——今後は日本的な技術を量産の仕組みに乗せていくことが課題です。

たとえばメーター7000円から8000円のテキスタイルは、ヨーロッパにもっていくとかなり高くつくものになってしまうんです。運び賃、税金が掛かって、ほぼ2倍近くにもなってしまう。

ですが、メーター3000円ぐらいまでのテキスタイルであれば、使いやすいですよね。5～10m分もあればショーに出せますから。有松絞りを使ってすごいドレスをつくったデザイナーもいます。ただ、量産用には日本のテキスタイルは高すぎるのをどう解決するか。

「安くて品質がまあまあで あればいい」という時代も 少しずつ変わっていく

——パリコレでは多くのブランドが日本製のテキスタイルを使っていると聞きました。日本の産地はまだ生き残っているところがありますが、フランス、イギリス、イタリア、スイスなどではどうでしょうか？

フランスの産地はほとんど壊滅状態で、ディオールやシャネルが抑えている産地や、フィレネがウールでほんのわずかに残っている程度ですね。イタリアは一応元気がありますが、徐々に中国の資本が入り始めて質が悪くなっていると、この前イタリアのテキスタイル屋さんがぼやいていました。フィレンツェの北の方にある、ウールやセーター地の生産で有名な産地プラトは、ほとんど中国の資本に抑えられてしまったようです。

——イギリスも手紡ぎくらいしか残っていないと聞いています。日本という、経済的にスピード感のある国で産地が生き残っているのには、古き良きものを残したいというお国柄が現れているのでしょうか。

日本でも八王子などは、産地としての機能が停止してしまいました。京都あたりでも、継続していくことが難しくなっている。昔、西陣の方とも話したことがあるんですが、2、3代目に「あれだけ苦労して、一生懸命つくってもなかなか売れなかった」という苦い思いがやはり強いらしいのです。

日本の方はいいものをつくれば売れるんだよってよく言いますけど、それは迷信に近い。いまはそういう時代じゃなくなっています。

80年代ではクリエーション、要するにデザイナーの個性が一番大切でした。織りネームを見なくともブランド名がわかることが重要。その次にクオリティ、そして最後に値段だったんです。良いものであれば、いくら高くても買うという時代。いまはそれがゴロンと逆転して、クリエイティビティなんて求められず、安くて品質がまあまあであればいいという時代です。

そうなるといわゆるプチプライスといわれるようなブランドでは、断ち切りで、下手すると3本針も使わず1本針でビーっと縫っておしまい。そういう服を買う人に聞くと、ひとまず着られれば良い、あとは捨てますって言うんですね。確かに1000円もしないスカートならそれでもいいのかなってなってしまう。

Yohji Yamamotoでは、ワイシャツも折伏せ縫いでつくっていました。でも折伏せ縫いって、ものすごい時間が掛かるわけです。三本針であれば1度で済むところを、縫って、アイロンを掛けて、もう1度縫う。Yohji Yamamotoの昔のシャツを未だにもってるんですけど、しっかりしています。羽織るたびに「やっぱりさすがだなあ」と思います。そういうことに価値を生み出さない世の中になってしまった。

昔はお客さんが一点一点、服の裏側や表地と裏地との関係まで見て、良し悪しを判断してたんですけど。いまはもうパッと着て良ければそれでいい、という時代になってしまったんですね。

ただそんななかでも、少しずつ違う動きも出てきています。先日、パリの「テックスワールド」というテキスタイル展で、新しいオートクチュールをつくろうとしている人と知り合ったのですが、かつてのような1点3000万、4000万もするようなものではないけれど、そこそこの値段でクチュールのようなクオリティが高く、デラックスなものが求められているマーケットが、ヨーロッパでは生まれ始めているようです。第二次世界大戦後のような、デザイナーがお客さんの意見を聞きながらデザイン画を描いて仕立てていくような昔のようなやり方も生まれ始めている気がします。

職人に夢を与える仕組みがあるといい

──良いものを応援するために買い物をする人が増えてくれるといいんですけどね。産地の工場もいったん廃業してしまうと、技術が途絶えてしまうわけですから。早く技術を受け継いで、職人を目指す若い世代を増やしていきたいですね。

まず日本では「職人」という言葉に、社会的に良いイメージがあるのか疑問です。でも職人がいなかったら、テキスタイルも縫製も、もちろん服飾関係に限らず、いろんな技術が途絶えてしまう。

フランスと比較すると、日本では職人さんに夢を与えるような仕組みがないといっていい。たとえばフランスでは、職人さんに対して贈与する「MOF（Meilleur Ouvrier de France）」という勲章があって、これをもつことが名誉でもあるし、月給を200万くらい要求できるほどの資格でもある。これはフランスだけでなく、どこの国に行っても通用するような名誉ある賞なんです。

日本でもこのような、業界以外の方からも名誉なものだとわかる賞を、素晴らしいテキスタイルの生産者に表彰するような仕組みをつくったらいいと思います。国がつくるのは難しいかもしれないけれど、少なくとも職人やテキスタイルメーカーのオールジャパンの協会をつくり、賞を設立してほしいですね。

──そういうものがあると目標になりますからね。イギリスでも技術師のことを「テクニシャン」と呼んですごくリスペクトするんですよね。デザイナーじゃなくて、つくる人が上にいるという感覚があるんです。ドイツにもマイスター制度がありますしね。日本はマイッタァーしかない（笑）。

テキスタイルのオールジャパンの組織の必要性

フランスやイタリア、ベルギーでは、テキスタイルメーカーの全国的な組織があるのですが、日本にはそれがないんですね。嫌な言い方をすると、産地同士の仲が悪かったりもする。合同展示会をしようとしても、好き嫌いなどのビジネスに関係のない我儘があったりして、一緒に呼べるメーカーが少なくなってしまうことが多いと聞きます。

でも、世界中からパリに人が集まるテックスワールドと「プルミエール・ヴィジョン」には、オールジャパンできちんとした展示を出さないのはもったいないと思います。とくにこのふた

フランス・パリで開催されるテックスワールド(上下とも)。

つは時期も重なっていて、集客の効率がいいですから。日本のテキスタイルの魅力を点でなく面でもアピールして、海外とつながっていくことが必要です。

——産地は長いことそのなかで完結する仕組みになっていたので、その垣根を越えるのはいまでも難しいんでしょうか。また、産地内では基本的に同じ素材をつくるので商売敵でもあるのがネックなのでしょうか。そんなことを言ってられないところまできているのですが。

ヨーロッパにオールジャパンの組織の担当者が駐在する必要があると思います。産地の人間がいきなりヨーロッパに行って会場を借り、ただ現地の言葉が喋れるだけの日本人に依頼してデザイナーのメゾンに招待状を送っても、足を運んでくれるわけがありません。

Yohji Yamamoto や ISSEY MIYAKE のヨーロッパ社では、世界中から集まる情報を社内で咀嚼して、日本に送るシステムをつくっていました。そのようなシステムをもつ、テキスタイルとファッションのプラットフォームが必要だと思います。

「クールジャパン機構」の方々ともこの話はしています。ただクールジャパン機構は最高でも49%までしか資本投下ができないなどの規則が足かせになって、なかなか始動できていないんですよね。組織をつくるのにもお金が必要ですから。

上海やソウル、バンコクからはすごい勢いでデザイナーがヨーロッパに進出しています。彼らはとてもハングリーです。とくに韓国のデザイナーは、いくら叩かれてもめげません。日本のデザイナーは叩かれたら、すぐシュンとなってしまいますけどね。韓国は国内のマーケットでは小さすぎてビジネスが成り立たないから、企業はすぐに海外を目指すしかない、それが彼らのパワーの源かもしれませんね。

上海など中国にも素晴らしい人がいます。いま、上海のファッション協会とパリのクチュール協会は強い結びつきをもっています。昔は東京ともつながっていたんですよ。以前は日本のCFD（Council of Fashion Designers' Tokyo）ももっと力をもっていて、2代目の理事長まではパリとしっかりつながっていました。2000年前後は海外から東京にデザイナーを招聘してファッション業界を盛り上げていました。

私が一緒に仕事をしていたマルセル・マロンジュウもその時期にCFDから招待を受けて日本でショーをやりました。いまはまったくパリのクチュール協会とはつながっていないようですね。パリクチュール協会の責任者の方も日本とは組織としてつながっていないと言っていました。

——そんななかで、斎藤さんご自身はどのような展望をもってらっしゃいますか？

私自身は、いま頑張っている日本の若いデザイナーや、先ほど申し上げた繊維やファッションの組織をつくろうとする若い方をサポートしたいと思っています。オールジャパンの組織は、私の目が黒いうちにできるかどうかわからないけれども、種だけでも蒔くのが私の夢ですね。

私がパリクチュール協会やテックスワールド、プルミエール・ヴィジョンのトップとつながっているあいだに、その関係を日本の各方面の方々にうまく使っていただきたいですね。

※この対談は、名古屋芸術大学芸術学部テキスタイルデザインコース、尾州産地との産学連携授業NUA textile lab のイベントを収録したものです。

PROFILE

斎藤 統 / Osamu Saito

神戸芸術工科大学・和洋女子大学・名古屋芸術大学客員教授。1949 年東京都生まれ。1973 年リヨン大学留学のため渡仏。1978 年日仏間の情報交換をおもな業務とする Saveline を設立、同社社長に就任。1980 年 Yohji Europe 社長に就任後、Yohji Yamamoto UK、Yohji Yamamoto USA 等社長を歴任。山本耀司氏のもとを離れてからは Exil S.A.、JOSEPH、Japon Casabo、ISSEY MIYAKE EUROPE S.A. 社長を歴任。2008 年フランス政府より教育、文化普及に貢献した人物に与えられるフランス芸術文化勲章を授与される。現在は日本の服飾・繊維業界が世界に対峙できるようひとつに束ねるための活動や若い世代の教育に力を注ぐ。

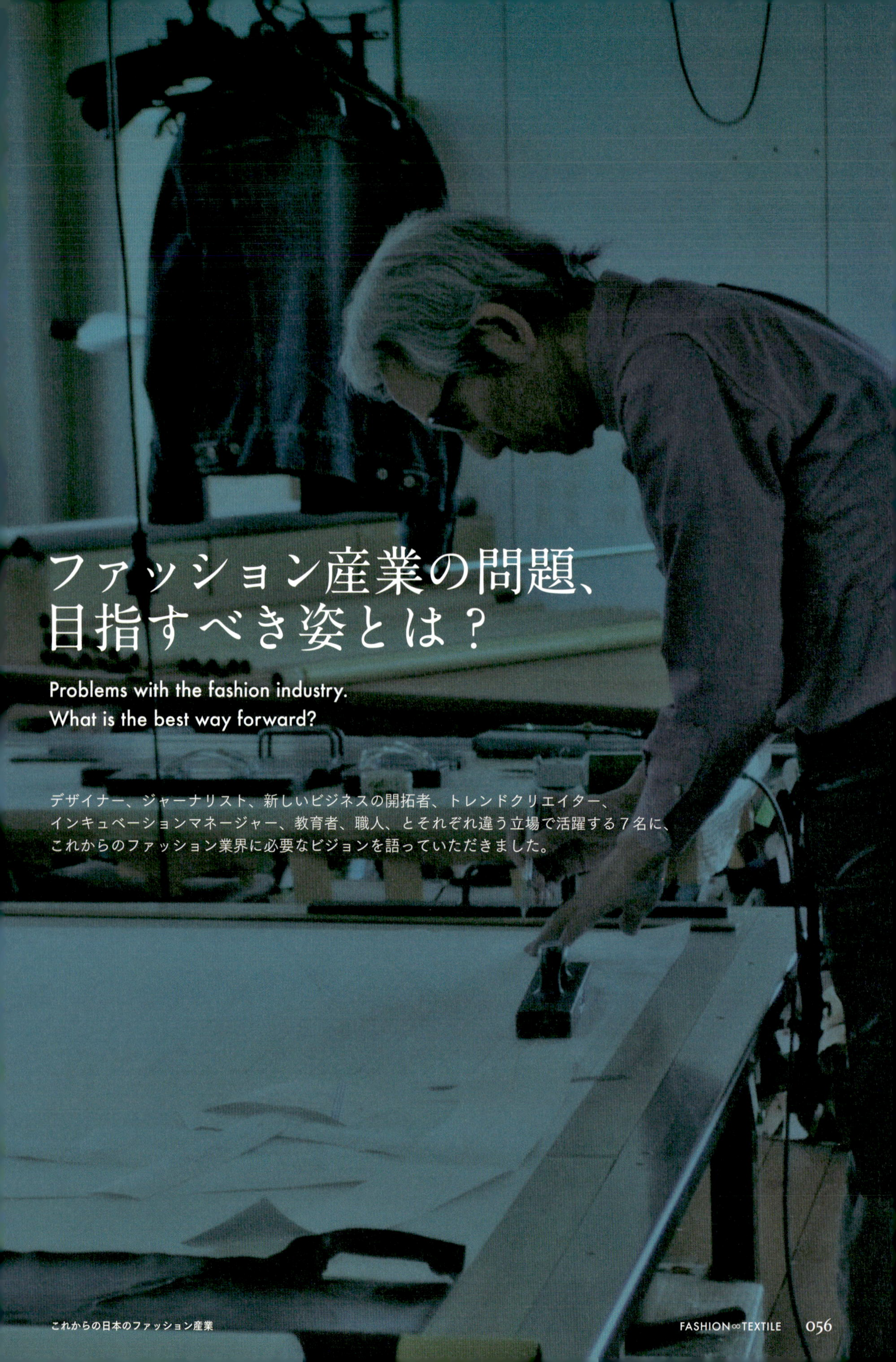

ファッション産業の問題、目指すべき姿とは？

Problems with the fashion industry. What is the best way forward?

デザイナー、ジャーナリスト、新しいビジネスの開拓者、トレンドクリエイター、インキュベーションマネージャー、教育者、職人、とそれぞれ違う立場で活躍する７名に、これからのファッション業界に必要なビジョンを語っていただきました。

SPECIAL INTERVIEW

「サスティナビリティ」を語る

三原康裕

宮浦晋哉

ファッションの世界でも意識されるようになった「サスティナビリティ＝持続可能性」。そのビジネスシステムに持続の可能性はあるだろうか。（進行：『ファッション力』編集長 久保雅裕）

日本の技術生かし、産地と組んで、いまこそアクションを起こすとき

――ファッションの世界では「サスティナビリティ＝持続可能性」が、環境問題のほか、産地継承などのビジネスシステムの持続性という面でも語られ始めました。

宮浦　産地を回り始めたこの数年間というもの、倒産や廃業、後継者不在といった問題が年々深刻化しているように思えます。また、俯瞰した視点をもつ人が産地に入っていくケースはあまり見たことがありません。自分が職人になって継いでいこうとか、いいものづくりをしていこうという人はいますが。職人やデザイナー以外のプレイヤーも産地に関わっていくと面白いかなと思っています。

三原　製造と産地の持続可能性を連動させなければいけないけれど、なかなか難しいですよね。僕がびっくりしたケースに、西陣織老舗の細尾さんの試みがあります。彼らは、もともと幅36cmしか織れなかった反物を70cmまで織れるように工夫していました。ただそれでも、服をつくるなら150cmのダブル幅が必要だと伝えたところ、設計、プログラミングも含めて自分たちで織機をつくり上げてしまったんです。

それだけではなく、「メーター2万円以上する生地なんて海外のビッグメゾンじゃないと売れないから」と、直接メゾンの担当者に会ってプレゼンテーションをして、どんどん売っていく。自社で製造、セールス、問屋機能まで担ってるんです。

生産業の方たちは問屋に頼り切っていて、その顔色をうかがっているように思えます。でも若い人たちはそれを飛び越えて、ネットで販売するなどセールスの流通部分を自分たちでつくろうとしている。

日本のマーケットに合わせて着物用につくった生地を、財布やポーチにするような小さな工夫じゃなくて、プルミエールビジョンで発表するとか、何かしらアクションを起こしていかないと衰退していくばかりだと思います。

――ITによって、いままで直結できなかったところが直結できるようになりました。その活かし方で可能性が広がるように思います。

宮浦　ウェブサイトもないような工場ってたくさんありますよね。産地を回り始めた初期は、そういう工場の設備情報や得意な技術、閑散期、タテ糸が空くタイミングなどを全部データ化し、ウェブ上でマッチングしたらいいと思っていました。

しかし結局は工場側も顔が見えない人といきなり仕事ができるわけじゃないし、発注する側も製作の知識がないケースもある。会う機会だけ簡易化してもうまくいかないなと思っています。

三原　正直言って、現状は昔みたいに現場に余裕はない。でも、ここまで暗くなったらこれ以上暗くなることもないと思う。

ここを盛り上げられるのは若い人たちだよね。大きなシンポジウムを開催したり、これからどうやって生地を売っていくか、売るために税率を変える提案をするなど、みんなで動いていかないと、結局何も変わらないと思います。

宮浦　僕も最初は、シンポジウムを積極的に開いたり、ウェブメディアや本をつくったり、できるだけ発信したいと、10以上の媒体と契約したり…。でもひと通りやってみてわかったのは、メディアにかっこよくものづくりの魅力を載せても、根本的な問題解決にはならないということ。伝えるだけでは

産地の活性にはつながらない。メディアを通して、産地の販路拡大や職人育成なども多面的に考える必要があると思っています。

発注も一発花火的に増えるだけでは工場の負担が増えるだけだし、やっぱり工場に若者を入れなくてはいけない。そこでは産学連携に可能性があるなと思い、名古屋芸術大学や金沢文化服装学院と連携して、学生と一緒に工場とのプロジェクトを進めています。そうしたら自主的に繊維企業に就職した学生が出てきた。若手が工場に入って、病気だった年配の職人さんが元気になった事例もあります。

三原　すぐ「明日から来るな」なんて乱暴なもの言いをする人たちだけど、訪問すると、本当に元気になるんだよね。うちのスタッフを工場に行かせるときにも「何発ギャグが言えるかが大事だ」って言い聞かせてます。職人のモチベーションを上げるのもデザイナーの仕事。

ものづくりって、一概に産地を残すということだけではなく、社会を残すことだと考えるべきだと思います。現代は、テクノロジーの変化に人間が振り回され、文化が変化して、何が正しいかも言えなくなっている。商業でも産業でもひとつひとつのことをみんなで考えるべき時代だと思います。

PROFILE

三原康裕 / Yasuhiro Mihara

Maison MIHARA YASUHIRO デザイナー。1972 年、長崎県生まれ。多摩美術大学デザイン学科テキスタイル学部在学中、独学で靴をつくり始め、1996 年シューズブランド「archi doom」を立ち上げる。1997 年大学卒業後、ブランド名を「MIHARAYASUHIRO」に変え、1999 年にはウェアラインもスタートし、コレクションブランドとしてキャリアを積む。様々なブランドとのコラボレーションも行う。2016-17 年秋冬コレクションからブランド名を「Maison MIHARA YASUHIRO」に改名。現在も精力的に活動をつづけている。

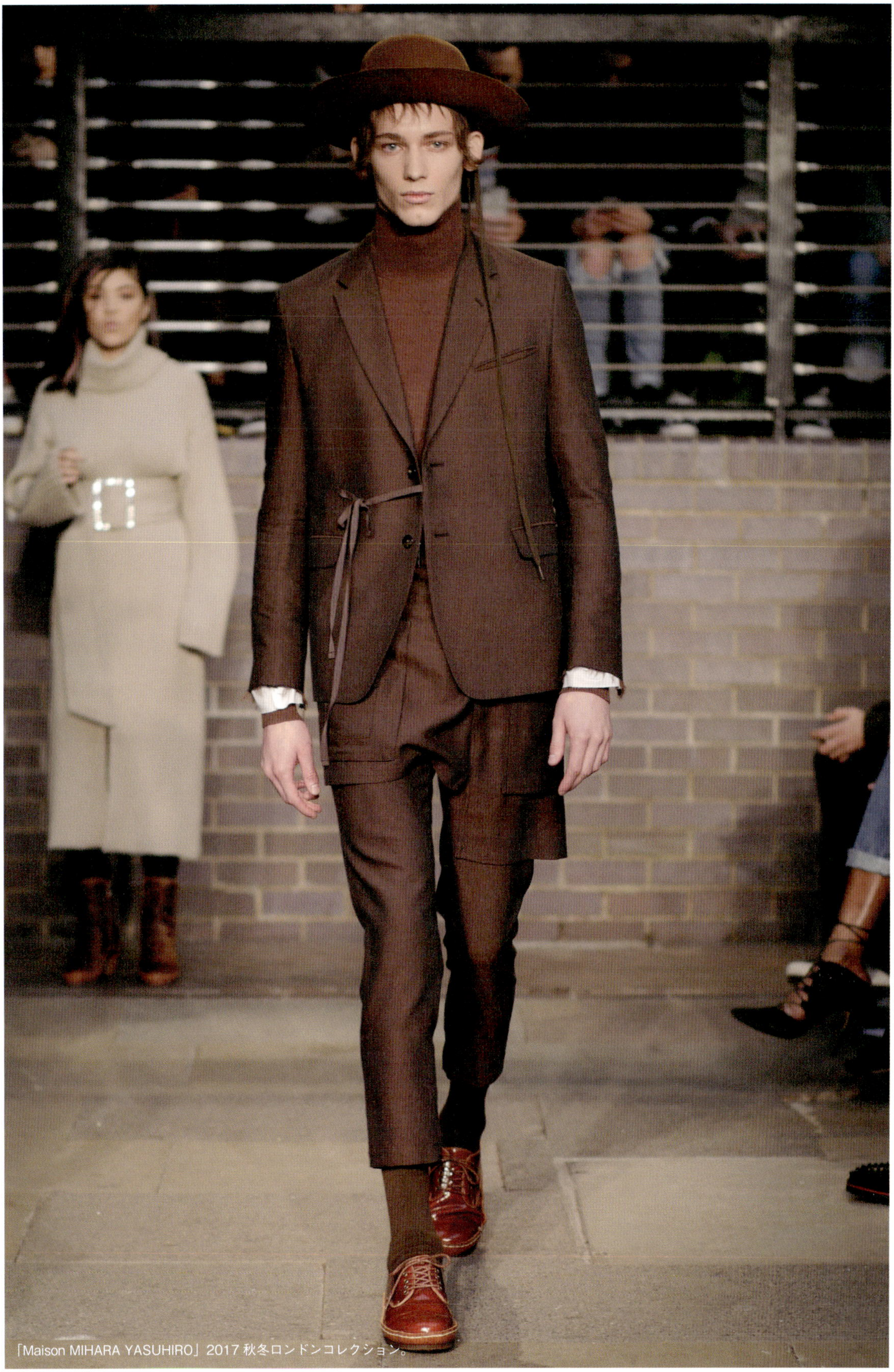
「Maison MIHARA YASUHIRO」2017 秋冬ロンドンコレクション。

VOICE 01

新旧の繊維技術の融合が示唆するものとは？

横山泰明／『WWD ジャパン』記者

グーグルが米国リーバイス社と組んで2015年5月に発表した、スマートウェアの開発プロジェクト「プロジェクト ジャカード」は、多くのファッション関係者に衝撃を与えた。

当時、このプロジェクトはふたつの意味で画期的だった。ひとつはだれもが着ている普通のウエアを、高度なコンピューターに変える可能性を、見事に表現していたからだ。

このプロジェクトを主導したグーグルの頭脳である研究開発部門ATAP（Advanced Technology And Projects）は、一見普通のテキスタイルに導線性の糸を織り込み、センサー化したテキスタイルを開発。発表時のプレゼンテーションでは、実際にスマホとつなぎ、電話を掛けてみせた。

世界最大のIT企業が、ITと衣服を融合するスマートウェア分野への本格的な参入は、いわゆる「ウェアラブル」というブームを過熱させた。

もうひとつは、その重要な設計部分に、日本の伝統的な繊維技術が使われていたことだ。プロジェクト ジャカードの発表に際し、全世界に向け公開したムービーは、糸が巻かれた円筒が円心状に動きながら、糸が形づくられる工程から始まる。日本の繊維関係者でも一部の人間しか見たことのないこの機械は、もともと刀剣の飾りや着物の帯締めとして使われていた組紐の製造機だった。このふたつの結び付きは、何を示唆するのだろうか。

日本は繊維に関して、新旧のテクノロジーが入り混じって現存する世界的にも稀有な地域だ。最先端の航空機や戦闘機に使われるカーボンファイバーで世界の先頭を走る一方、世界で失われつつある近代化以前の伝統的で高度な繊維技術を継承する職人がいまなお全国に残っている。

プロジェクト ジャカードのムービーに、日本側の責任者として登場するバイオアーティストの福原志保とともに登場するテキスタイル企画会社の「アンファンテリブル」の原田晶三代表は、国内外のデザイナーズブランドと組み、藍染や柿渋染め、からむしなどの日本の伝統繊維を現代のファッションに蘇らせてきたことで知られる人物だ。

原田代表がアトリエをもつ東京・八王子市とその周辺はいまも、撚《よ》りや織り、染めなどの中小企業が存在する、古くからの繊維産地だ。原田代表が組む企業の多くも、そうした産地企業である。プロジェクト ジャカードの内実は秘密保持契約で守られており、実際に関わった企業などは明かされていないが、原田代表のこれまでの仕事の延長線上にあるのは間違いない。

グーグルはWWD・NY紙のインタビューで、このプロジェクトを、水面下で日本だけでなく、イタリアや米国でも進めていたものの、結果的に日本のプロジェクトを採用したことを明かしている。その理由に、美しさとコストを挙げた。

だれもが親しんできたデニムの風合いを維持しつつ、電気を通すという難題に見事に答えたのは、紡績という産業革命で誕生した近代のテクノロジーではなく、組紐《くみひも》という長い歴史をもつ「枯れたテクノロジー」だった。

日本繊維新聞という前職の業界新聞を含めると、もう10数年以上国内外のテキスタイルの業界の話を聞いてきた。繊維の面白さは、その多彩さと長い歴史にあるが、同時に悲哀に満ちた物語でもある。産業革命の幕開けが蒸気機関による紡績技術だったことからもわかる通り、繊維、あるいは衣服は産業の興亡とともに歩んできたからだ。

プロジェクト ジャカードが示すのは、衣服が根本から変わろうとする過程で、必ずしもそれを生み出すテクノロジーの中身は従来の延長線上にあるわけではないということだ。人間の歴史とともに歩んできた繊維産業は、時代に大きく左右されてきた。

新たな時代を、どう生きていくのか。繊維産業に関わる人は、いまこそ真剣にこの問いに向き合う必要があると思う。

VOICE 02

産業全体を俯瞰し、未来に向けた一歩先の提案で変革を促す。

河野秀和 / sitateru inc. CEO

sitateru inc. は服飾産業のなかで、人の手とテクノロジーによる新しいサプライチェーンの実現に向けてチャレンジしています。

「衣服生産のマネージドサービス」と位置づけられることもありますが、これまでは工場で衣服が生産されてから消費者のもとに至るまでは複雑な多重構造になっており、課題が山積していました。サプライチェーン全体を俯瞰して見たときに、中間業者をカットするという1プレーヤーの視点よりも、新旧多種多様なプレイヤーをプラットフォーム上で効率よくつなぐことで既存プレイヤーもリファインし、産業全体が「最適化」されることに気づきました。

昨今、ＩＴ技術を活用したFinTech（金融）やEdTech（教育）など様々な業界でイノベイティブな取り組みが行われていますが、sitateru inc. では、「スマート工場プロジェクト」と称して、ＩＴ・センサーなどテクノロジーによる工場の繁閑の状況の可視化や効率化を図る仕組みづくりも進行しています。本当に人々に必要とされる価値の提供に向けて、つくり手の現場が守られるという受け身の姿勢から「いまと向き合う」前向きな姿勢になり、エゴではなく「誇り」として技術を価値に変えていくための、一歩先のソリューション開発を進めています。

弊社には、社内に「sitateru philosophy」という「編み出す・寄り添う・拡げる」の3本柱から構成される哲学があります。その哲学のもと、ファッション、ビジネス、ＩＴなど多方面のプロフェッショナルで構成される社員が一丸となり、「人々が豊かになるサービス」と「人々に必要とされるインフラの構築」を追求しています。

業界や川上・川下を跨いだ本質的な改革はまだまだ途上で、テクノロジーによるソリューション、新素材の活用、流通改革など、人々が求める「新しいマーケット」が醸成されていくのはこれからだと感じています。

sitateru inc. では、これからも産業の既成概念に捉われることなくテクノロジーを積極的に活用していきますが、衣服自体は決して効率主義の工業製品のようになるのではなく、ファッションがもつ前衛的な「儚なさの美学」や「想像する力」も共存させながら、人々が衣服を通して幸せになれる未来を模索し、透明性のあるオープンマインドな「衣服生産のプラットフォーム」を構築していきたいと思います。

sitateru inc.

国内初の衣服生産プラットフォーム「sitateru」を提供。テクノロジーによる縫製工場のリソース管理とコンシェルジュによる生産サポートにより、「短納期・高品質・小ロット」で服をつくることができる「衣」の生産インフラを構築。2016年3月内閣府「地域しごと創生会議」にてＩoＴを活用した新たな企業間連携の促進代表企業として選出される。2017年1月には、縫製工場アサイン以外にもパターン作成、生地選定、加工などの生産工程を必要な分だけカスタマイズできるアパレル事業者向けサービス「ジョイント型ＳＰＡ」もスタート。2017年2月時点、ブランド・企業の登録数は約3000社を超え、全国の縫製・紡績・2次加工の工場250拠点と提携する。

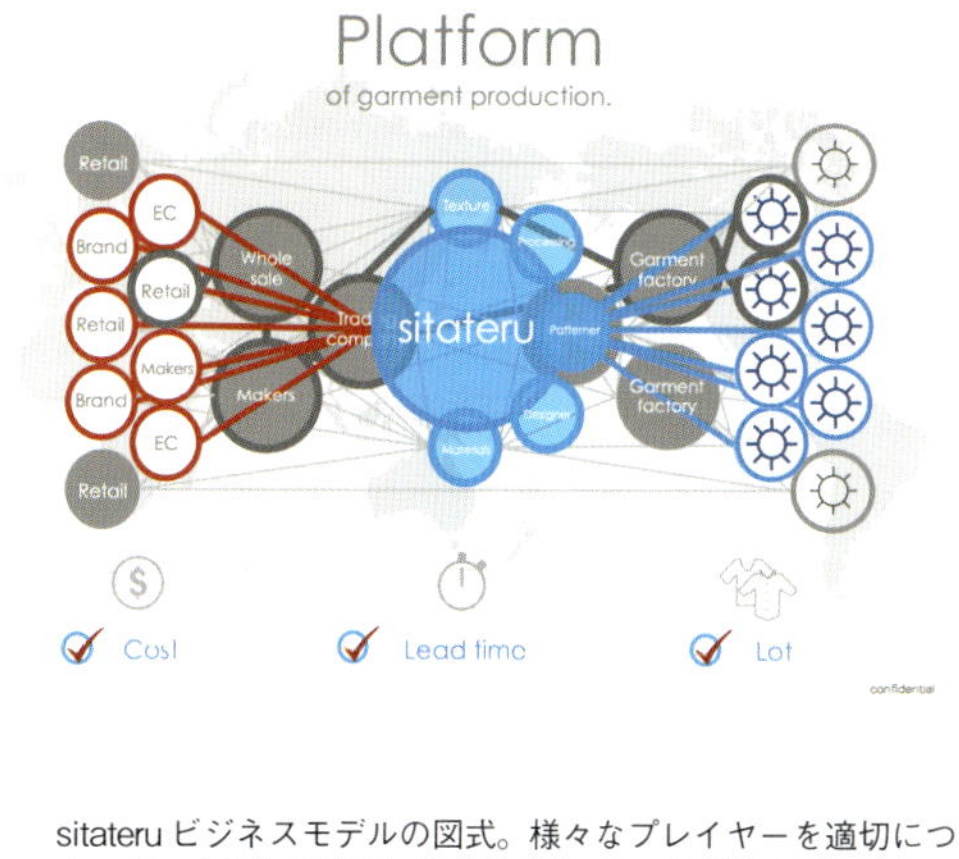

sitateru ビジネスモデルの図式。様々なプレイヤーを適切につないでいくことで最適なサプライチェーンを構築している。

VOICE 03

繊維だけにとどまらない、新しいテキスタイルの可能性。

リドヴィッジ・エデルコート／トレンドユニオン

――リーさんの考える、テキスタイルの可能性について教えてください。

テキスタイル産業は今後、社会において大きな役割を担うだろうと思います。現在はおもにファッションやインテリア業界だけに用いられていますが、いろいろな技術と組み合わせることで、他分野にも進出していくでしょうね。たとえば、建築や自動車にも用いられるかもしれません。

「織り」の仕組みは「0」と「1」の値で構成されるコンピュータの基本素子の原理と近いものがあります。ですから、21世紀でもっとも進化するのはテキスタイルではないかと考えています。

最近、たとえばニット素材のスニーカーなど、テキスタイルがほかの素材に取って代わる例をよく見掛けます。それがどんどん進んでいって、「織り」の技術を使った橋や住宅など、重くて強い素材で編まれた建造物が出現する可能性もあるのではないでしょうか。また内装だけでなく、外装までテキスタイルという自動車も出現するかも。

もしくは海藻やバナナの皮など、いままで繊維として扱えなかったものが扱えるようになり、いままでにない見え方が生まれるかもしれませんね。

また、健康や精神状態の計測・制御機器をテキスタイルの中に組み込んだ、洋服や寝具などが誕生するかもしれません。今度、パーソンズ美術大学の大学院（MFA/Master of Fine Arts）の新しいプログラムを担当することになりました。

そこではハイテクなシリコンバレーと、職人的なハドソンバレーの技術をハイブリットした、新しいテキスタイルを生み出すための教育を行います。そして先ほどのような未来のテキスタイル、そして大きな転換期を迎えているファッションの次世代の姿について、さらに考える機会を提供しつづけていきたいと思います。

――日本の産地やテキスタイルの魅力についてどうお考えですか？

この2月に山梨県の富士吉田産地を世界に発信するため、“yamanashi textile book by Lidewij Edelkoort”を作成いたしました。

このプロジェクトを始めるにあたり、昨年春に富士吉田を訪れ、職人さんのアトリエや過去の素晴らしいアーカイブを拝見しました。そして川沿いの静かな温泉に滞在させていただきました。

その2日間で実感したのは、美しい自然環境のもたらす静謐さと豊かさをベースにした、限りない創造力。そして、高い美意識や品質を守りながら、用途や素材を変化させてきた、継続力と柔軟さの両面性、変化を恐れない姿です。

各機屋さんの規模感も魅力的でした。大企業や大規模な生産体制は今後、終焉を迎えるでしょう。いま、もっとも未来的でクリエイティブな生産体制は家内制手工業です。才能ある若い起業家が大きな会社を目指さず、意思決定のしやすい小規模の企業形態を好むように、職人が日常的に考えることが形にしやすい、小さな単位が理想的なのです。

富士吉田の魅力はさらに東京との距離感です。ライフスタイルの変化を敏感に感じられる距離感だからこそ、変化や発展がこの産地のバリエーションにもつながっています。テキスタイルは常にライフスタイルと直結しています。ですから、日本に存在する様々な環境の産地は、その産地ならではの可能性を意識してほしいと願います。

また日本人のテキスタイルデザイナーの素材に対する繊細かつ大胆な視点や、ハイテク素材を扱う企業の多さなど、日本のテキスタイルを取り巻く環境の多様性は素晴らしいと思っています。

“yamanashi textile book by Lidewij Edelkoort”（3点とも）

VOICE 04

事業拡大にはデザイナーと産地とのつながりが欠かせない。

鈴木 淳 / 台東デザイナーズビレッジ村長

台東デザイナーズビレッジは台東区立のファッション系創業支援施設。入居するクリエイターたちは、24時間使えるアトリエや、ビジネスのアドバイス、入居者や地域との交流などの機会を活用しブランドを成長させていきます。今年で設立14年目、過去70組以上のファッションブランドが卒業し、全国でもっとも人気の創業拠点といわれるようになりました。

多くのファッションブランドが育っていく様子を間近に見ているなかで、クリエイターが事業を成長させるには、営業面ではモノづくりだけに注力するのではなく、ファンを育てる意識をもつこと、生産面では量産体制をつくるために工場との関係を築くことが大切だと考えています。

手づくりから量産への切り替えには、工場や職人との連携が不可欠ですが、多くのデザイナーが織物や縫製工場との取り引き開始には苦労をしています。通常、工場はネットでは見つかりません。工場を探し出せても、何が得意なのかわからず、連絡しても依頼を請けてもらえません。量産できないから、ブランドを大きくできないという問題に直面します。

一方、工場は操業率を高めるため、小ロットの面倒な注文は請けたくありません。さらに情報発信をしていないので、手間や工夫などの生産背景が伝わっていません。だからクリエイターは工場への理解が足りないまま、機械で簡単につくっているのだろう、と勘違いして、工場は非協力的だと被害者意識をもってしまうこともあります。

また最近の若手ブランドでは「服は売れない」前提で事業を始めることもあります。生地でオリジナリティを出さないと売れない、安くないと売れない、売れないから少しだけ作りたいと考え、その結果、工場にコストや労力の負担を転嫁させるような発注をしようとします。

相手の立場やビジネスに対する理解が足りないのです。クリエイターは自分の望む生地をつくらせる下請けとしてではなく、一緒にブランドを育てるパートナーとして、もっと工場や、そこで働く人、工程を知るべきです。

私自身も、現場を見て話を聞き、工程を知れば知るほど、これまで積み上げられてきた知的資源の大きさに感心します。工場には生産の効率化によるコスト削減ノウハウも、特別な技術で付加価値を高める経験もあるのです。

さらに工場に甘えるだけでなく適正な利益を残す方法を考える。たとえば、手間が掛かる生地を安くつくらせ負担を押しつけるのではなく、自らが資金を投入して生地を開発したり、工場にとって生産性が高い生地をデザインに活かすことで、コストとオリジナリティのバランスが取れた商品が生まれ、工場との関係もつづくでしょう。

富士吉田のように工場見学ツアーを催すなど、門戸を開き、新しい風を求める産地も増えてきています。まずは工場に足を運び、現場を見て、話を聞くことから始めてみてはどうでしょうか。

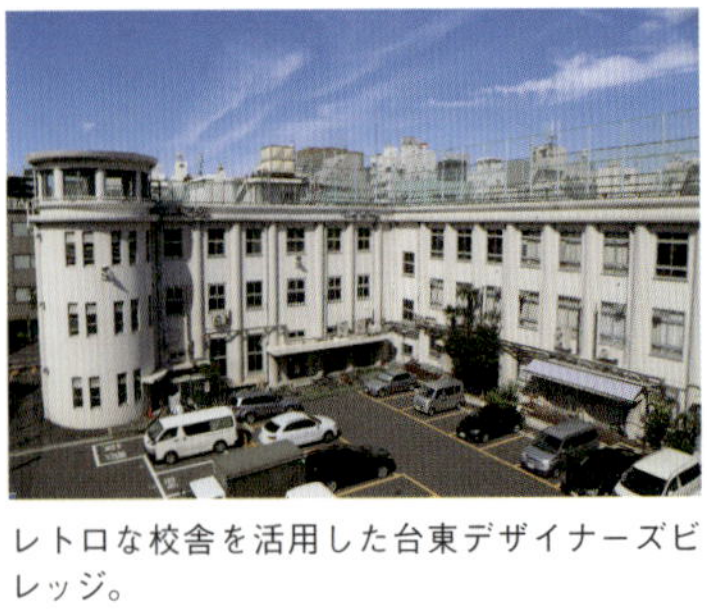

レトロな校舎を活用した台東デザイナーズビレッジ。

宝石、織物、皮革などの産地を見学。

施設公開イベントでは各ブランドが来訪者にアピール。

VOICE 05

外観やイメージを教えることだけがファッションデザイン教育ではない。

蘆田裕史／京都精華大学専任講師

私が勤務している京都精華大学のファッションコースでは、折に触れて生地の産地見学の機会を設けるようにしている。

産地見学という響きは小学校のときにだれしもが体験した社会科見学を想起させ、「確かに現場を見る機会がないよりはあったほうがいいよね」くらいに思われるかもしれない。

だが、生地の生産の現場を知ることは、ファッションデザインの根幹に関わることだと私は考えている。

いまの日本では、ファッションデザインという行為に携わる人の多くが「デザイン」という概念を誤解している。たとえば「このポケットはデザインで付いているだけでとくに意味はないんです」とか「このシャツは機能よりもデザイン性を重視しています」といったような発言をしばしば耳にすることがある。そこでは単に「装飾」や「見た目」などの意味でデザインという言葉が使われている。

だが、デザインは本来、「設計」「企画」「考案」などを意味するはずであり、その限りにおいて、製品ができ上がった結果の外観にのみその言葉が使われるのは奇妙な話である。

とはいえ、このような話をしたところで、「言葉の意味が変化するのは当然なので、そこに何の問題もないのではないか」と思う人もいるだろう。だが、じつのところ、デザインが外観のみを意味してしまうことで、ファッションデザイナーがなすべきことが理解されなくなってしまっているのである。

デザインを設計という意味で理解するならば、製品やサービスにどのような外観や機能をもたせるかのみならず、それをどのようにつくるのか、あるいはどのように販売・提供するのか考案するのもデザイナーの仕事だといえよう。

デザイナーにしてデザイン理論家のヴィクター・パパネックはデザインを次のように定義していた。曰く、「ある行為を、望ましい予知できる目標へ向けて計画し、整えるということが、デザインのプロセスの本質である」*と。つまり、デザイナーの仕事とは、外観や機能をつくることではなく、目的を達成するための手順を考えることなのだ。

これは昨今言われているような、デザインを問題解決と捉える立場と軌を一にする。問題解決のプロセスは、目的を設定したうえで、そこに到達するための課題やハードルをクリアすることだから。

外観やイメージをつくる能力と、デザイナーに求められる能力が同じではないことは、料理人と比較すれば容易に理解される。

良い料理人になるためには、多種多様な料理の味だけを知っていても仕方がない。調理器具の使い方や適切な調理方法、そして何よりも素材のことを知らねばならない。そのために料理人は市場に自ら出向くことを厭わないし、場合によっては畑や牧場などにも足を運ぶだろう。

料理における食材に相当するのが服の生地であることは言わずもがなである。味だけ知っていても、つまりさまざまな製品の外観や機能だけ知っていたとしても、それを一からつくることはできない。デザイナーに必要なのは、その外観や機能を実現するための方法を知っていることなのだ。

デザイン教育とは、外観やイメージのつくり方だけを教えることでは決してない。それを理解する教育者が今後どれだけ増えるか。ファッションの未来はそこに懸かっていると考えている。

＊ヴィクター・パパネック著、阿部公正訳『生きのびるためのデザイン』晶文社、1974年。

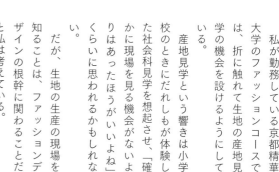

忘れられない景色がある。

昨日までつづいた、作業音や蒸気や機械音、人の熱気に溢れた、ただただ広い、その空間に訪れた、水滴が桶の水面に落ちる、その音だけが繰り返される静寂。

長い時を積み重ねてきた工場が動きを失い、ものに溢れたその空間から、長い時間のなかで人の手で削られ丸みを帯びた道具、そのひとつひとつが運び出され、希望を胸に建物が建ったあのときよりも随分と疲れた、少し傾いた、裸の建物になる。

何十年も前に棚の裏に隠されて、見えなかった壁に残る遠い痕跡が、窓辺に落ちる光に照らされ、浮かび上がる。

そこかしこに、その場にいただれかの記憶が残り、光に晒されては、目覚めていく。そして、その建物は取り崩され、その土地は、始まりのときとは少し違う、ただの土地になる。

工場の最後は、それは人が最期を迎えるときと同じように、時代の役目を終えながら、残像を、僕らに訴え掛けるかのように残す。

いまも残る景色を、その熱気を写真に残したいと、フォトグラファーのkatomiを連れて浴衣づくりの現場を歩いたのは、2013年のことだった。

COLUMN

職人のいる風景

奥田博伸 / 奥田染工場 代表取締役

撮影：katomi
提供：phro-flo
撮影協力：大串商店、八王子織物工業組合 事業センター、松上染工株式会社

これからの日本のファッション産業

FASHION ∞ TEXTILE　068

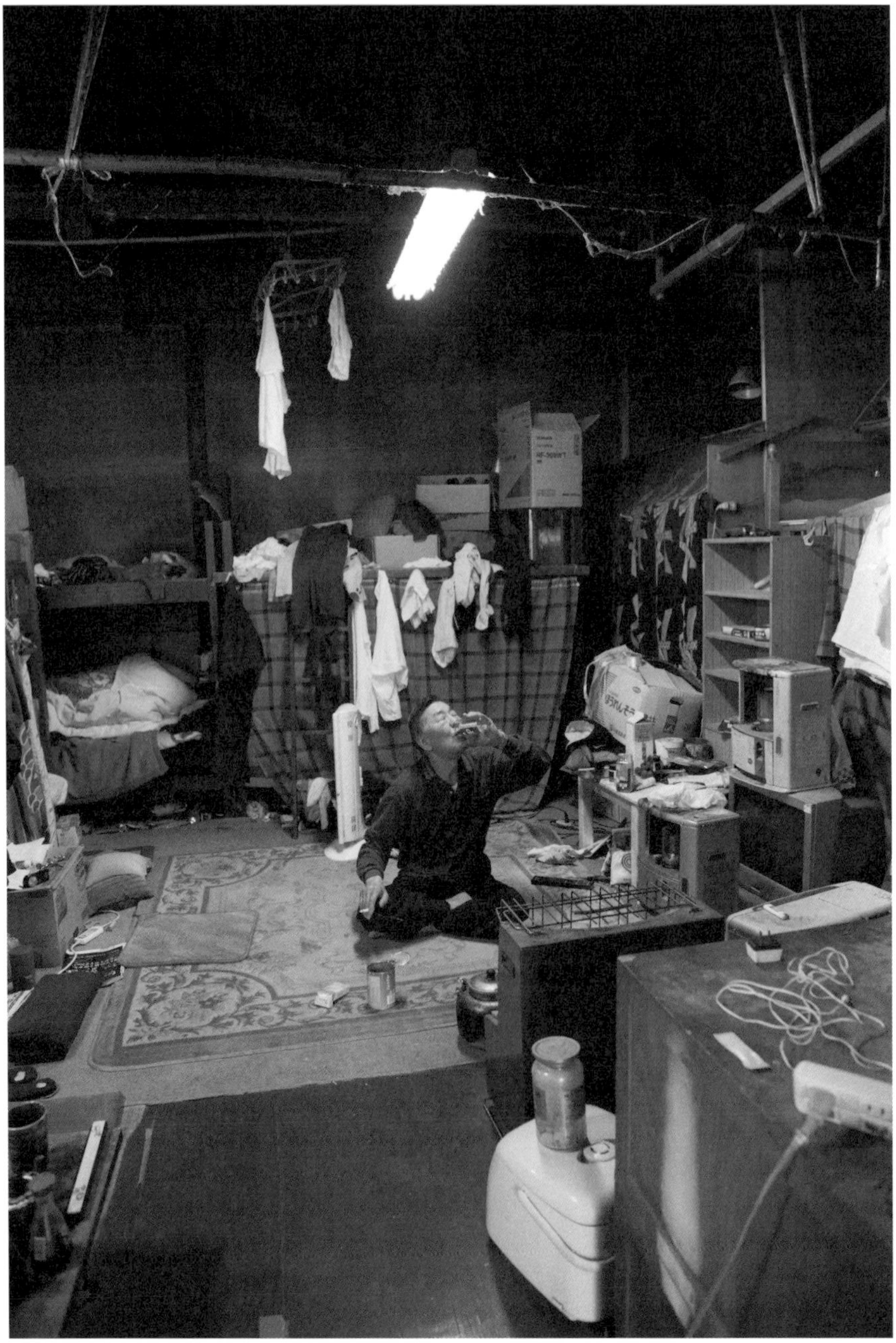

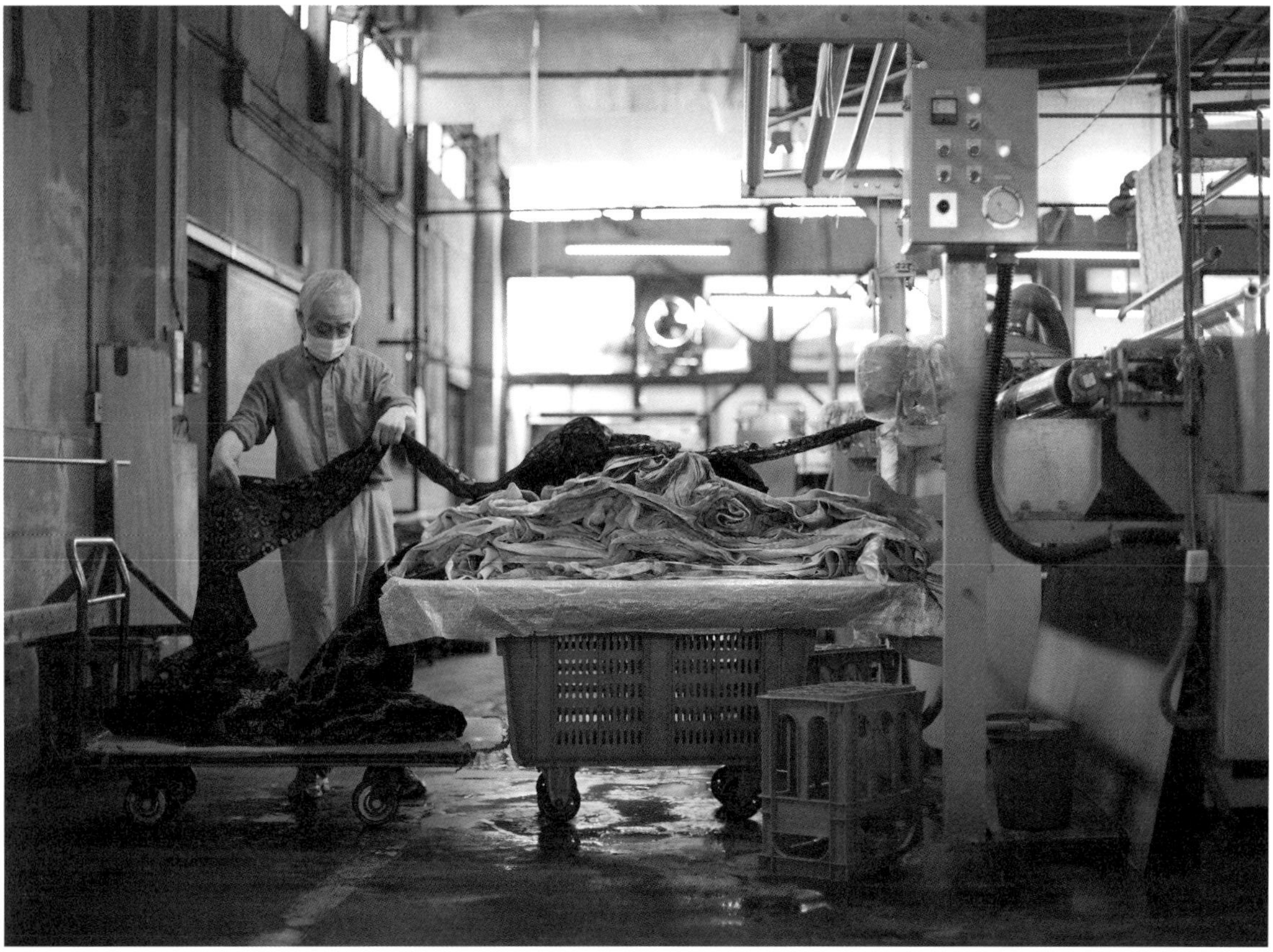

職人のいる風景というのは絶え間なく変化し留まらない。それが、消え行くものであるからこそ、ただ職人の作業を撮る撮影ではなく、人が関わるその熱気や空気感を撮って残してほしかった。自分が好きなその世界を、どこかのだれかに届けたかった。

幼い頃から見てきた、工場の働く人の笑顔や、優しさや、その重厚な手元、それは僕にとって、大切な大切な宝物だったのだ。

撮影に向かったその日、自分たちがお願いをした浴衣の仕事が、長い長い歴史をもつ、その注染工場の最後の仕事だと知ったのは、撮影当日のことだった。

いままで、その工場を女手の経営陣で守ろうとして戦ってきた社長が僕にそう、目も合わせてくれずに、ぼそっとつぶやいた。これでやめるのだと。

自分が、ずっと見てきた両親の背中やたくさんの職人さんが出入りしてきた自分の工場の風景が、重なった。

同じ様に、なくなっておかしくないときなど、たくさんあった。

いまだ残るのは、ちょっとしたことの積み重ねにすぎない。

終わりの日は、いつかではなく、その日だった。

陽気なフォトグラファーのkatomiは、これは運命だからと、工場の節々まで、職人の内側まで入って、撮影をしてくれた。

あのとき、5社の工場を撮影したうち、数年のうちにその注染屋さんを入れて、3社が廃業した。廃業する工場を選んで撮影に行ったわけではない。

その速度がいま置かれている、高度成長期とともに隆盛を極めた繊維業界の、峠を越えた40年後の末期の現実の速度なのだ。

半世紀、谷の底まではあと数年である。だれもがそう言うように、そこまで減りつづけるだろう。

僕は繊維業界のいい時代が終わった頃に生まれた。

しかし同時に、周囲を見渡すことで、ものづくりにおける素晴らしいクリエイティビティは、ぬるま湯ではなく、厳しい環境からこそ生まれるということを知っている。

そう変わらなければならないという必要性からこそ、生まれるのだ。

あの「みやしん」は、すれ違った最後のたったひとつの偶然と奇跡が起きなければ、数日後の契約でマンションとなることが決まり、すべてなくなるかもしれなかった。

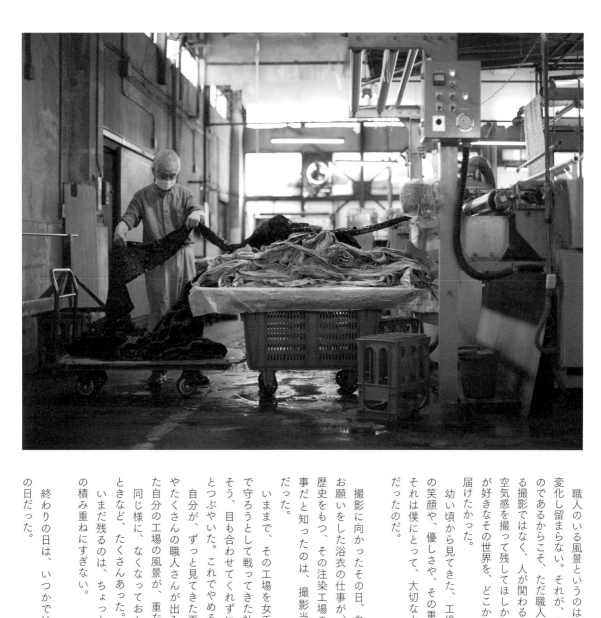

いくつかの工場と人の写真はいまも手元にあり、みやしんの素晴らしいクリエーションは、足を運べばいまも見ることができる。特別なクオリティがそこにあったと知ることができる。

注染屋さんの貴重な資料はみやしんから、いまは「文化ファッションテキスタイル研究所」となった、その施設に半永久的に保存してもらうため、引き取ってもらうことになった。


過去の仕事となり、その仕事が役目を終えるときがくる。

工場周辺の土地がもっているエネルギーを活かして新しいことを始めようと、先日近所を歩いた。そこら中、有名だった工場の跡地ばかりだ。古いのこぎり屋根の建物が別の用途で使われている。

空き家になっているのは最近廃業された工場が多い。全国の繊維産地を回った後、この生まれ育った土地が、繊維の街だったのだということを生まれて初めて、実感した。


なくなる時代を生きてきたのだ。

廃業がつづくなか、これからどうしていくべきなのかと、僕は全国の産地へと旅に出た。

だれかが悪いわけではない、たくさんの仲間と出会って、なくなることも、求められることのひとつにすぎないのだと、いまは思っている。


街にはものがあふれ、新しい価値は、旧来のものを駆逐していく。

嘆くよりも、天を恨むよりも先に、僕らも率先して、たくさんのことを巻き込みながら、それなら、新しいものになろう。

それが、出会って、大切なことを教えてくれたたくさんの先輩たちへ、この仕事を引き継ぐと決めた、いまの自分が示せる、唯一のやるべきことなのだ。

それができないのなら、自分はこの仕事は少しでも早く、やめるべきなのだ。


まるで、つづけることが正しいかのように言われることは間違っている。

つづけることだけが正しいわけではない。やめることもまた正しい。


だからこそ、未来は、自分たちの力で、自由につくればいいのだ。

こんないまだからこそ、魅力的な未来を描けるかもしれない。

些細なことで変わる未来がある。

いや、未来など些細なことの積み重ねにすぎないのだ。

2

北陸の繊維産地をめぐる旅
──10の糸商・工場探訪記

PART2 : Discovery of the Textile Industry in Hokuriku. Travelogue of 10 traders and plant.

伝統と最先端のものづくりが多様に共存する北陸産地。
2015年10月にオープンした「セコリ荘金沢」と
ご縁のある糸商や工場、工房を紹介しながら、
北陸ならではのものづくりとその生産背景、
そして職人の想いをお伝えします。

01

糸商 福富

3代目 福富欽也 〉〉〉 糸商による産地を活かしたものづくり

ニットメーカーに糸をもち込んで企画・製造したニット帽とストール。

シャトル式織機でつくられたカシミアの糸を使ったマフラー。

松井機業と京都扇子メーカー白竹堂が共同開発した扇子。

糸商が提供する新たな価値

「北陸産地でつくれないアパレル製品はないです。糸の製糸に始まり、製織《せいしょく》＊1、染色、後加工など繊維製造業に携わる企業が北陸にはたくさん集まっていますからね」。こう話してくれたのは、福富欽也さん。原糸メーカーから糸を仕入れて機屋に糸を販売する糸商「福富」の3代目後継者であり、営業兼商品企画を担当。地元企業に糸を届けるため日々奔走しています。そして北陸産地に入って間もない当時の僕らに「北陸産地の特徴に触れてほしい」と地元企業（マイテックス、松井機業、二口製紐、小山カバーリング）を案内してくれたのです。

　糸商の役割について欽也さんに伺いました。「仕入れた糸をそのまま販売するだけでは福富に価値はありません。糸に新しい機能や価値を加えることも糸商の仕事です」。機屋は仕入れ先のルートを多くはもっていません。たとえば機屋が原糸メーカーから糸の購入を検討しているとき、糸商は素材のバリエーションを提案します。その際に県外のメーカーや紡績会社から糸を仕入れることもよくあります。さらに届け先の機屋から「撚糸《ねんし》＊2を加えたい（＝糸の撚《よ》りの回数を増やしたい）」「この色に染めたい」などの相談を受けることもしばしば。「様々な要望に応えるために仕入れ先や販売先だけではなく、染めや撚糸などの加工業者さんとのつながりも大切にしています」。こうして福富は日本全国から加工業者を探して素材開発まで行うようになり、仕事の幅を広げています。

産地企業と行う自社製品の開発

　欽也さんは北陸の工場が年々減っていることを肌で感じています。1980～90年代の産地に見られた好景気も復調の兆しはなし。繊維業界に活気を取り戻したいと常々考え、「産地で企画する強みを活かし、これまで様々な糸を見て得たアイデアを実際に形にした新しい商品をつくりたい」と2002年に自社の商品開発に踏み出します。ここでいう産地の強みとは、生産現場に頻繁に通うことができること。「現場には何度も足を運びつづけ、職人さんに心を開いてもらってからが始まりです」と欽也さんは職人さんとの対話を通じて生産工程を理解することが重要だと考えます。さらに、ものづくりに対する姿勢を尊重することで、その工場に適した糸の提案が可能となり、新商品の開発につなげることができると言います。

　欽也さんは地元の工場を一から探して糸をもち込み、産地の技術を活かした商品開発に積極的に取り組み、自社で扱っていない素材をメインに使った商品にも挑戦します。

　こうして開発された福富の秋冬の定番商品は綿とレーヨンが混紡された糸を使用した腹巻。肌触りや締め付けは何度も改良を重ね、デザインも毎シーズンごとに刷新し、人気を博しています。ほかにもシャトル式織機で織られたストールや松井機業（P.096参照）のしけ絹を使って欽也さんがプロデュースした扇子などの商品があります。

　福富は、糸の仕入れ先を全国に、加工業者を北陸地域のほかにも愛知や滋賀に、と広くつながりをもっています。今後も地域ごとで特徴が異なる素材や加工技術を組み合わせて、オリジナルの糸を開発し、最終製品をつくっていきたいと言います。

　欽也さんは時間を割いて膝を突き合わせた直接のコミュニケーションを大切にします。福富に糸を相談すれば、一緒に加工のことも知れる。欲しいと思った糸以外に新しく開発された糸も紹介してくれる。とても親身な糸商が北陸の繊維業界のこれからを元気にしていきます。

＊1　製織：糸から織物をつくること。
＊2　撚糸：糸に撚りを掛けること。または撚りを掛けた糸。

株式会社 福富

〉〉〉adress　石川県金沢市丸の内 5-22
〉〉〉TEL　076-262-7231
〉〉〉FAX　076-223-7515
〉〉〉E-mail　haramakiya@haramakiya.com

02
天然繊維生地・絡み織
マイテックス

代表取締役 松本康宏

3世代にわたって受け継がれていく生地

トキと石川県が柄になっているネクタイ。

先代から受け継いだ「絡み織」

石川県能美市に拠点を置く「マイテックス」は1972年の創業以来、絹織物を織りつづけてきました。なかでもジャカード織＊1の細かい模様を得意とし、ネクタイ向けの絹を中心に綿、麻、ウールといった天然繊維の糸を用いた生地を生産しています。2代目・松本康宏さんは「先代からお付き合いのある西陣地域＊2の生地問屋は、納期や品質にとても厳しくて。いまある機織りの技術はお得意さんに磨いてもらったようなものですね」と、受け継いだその技術に確かな自信をもちます。

ところで、皆さんは絹の「絡み織＊3」を見たことはありますか？　その特徴は隣り合うタテ糸＊4を捩《よじ》らせ、ヨコ糸＊5を通して織ることで生地に生まれる立体感と透け感。実際に手にすると見た目のボリュームに対してとても軽く感じます。通気性も良いことから夏用のネクタイに多く重宝されています。しかし絡み織には、織機に取り付ける専用の部品が必要、タテ糸の準備が複雑、生地を織る際に時間が掛かるなど多くの難点も。こうした理由で、絡み織ができる国内の工場は年々減っています。そんな厳しい状況でも康宏さんは手間暇を惜しまず、伝統ある絡み織をつくっていきたいと言います。

遊び心とこだわり詰まるネクタイとストール

いしかわ動物園で販売されているこのトキ柄のネクタイとストール、じつはトキの繁殖の成功を願い、康宏さんがデザインを担当したマイテックスの自社商品。「ネクタイは生地をバイヤスで裁断＊6するので、柄の取り都合＊7や縫製時の仕様を考えて、紋意匠師《もんいしょうし》＊8さんに紋紙《もんがみ》＊9をお願いしました。ストールは織り上がったタテ糸を抜いてヨコ糸を束ね、織りの密度を変化させて生地に立体感を出しました。よく見るとトキと一緒に石川県の形が柄になっているんですよ」。

ストールは織り上がった生地に手作業で後加工が施されていて、ところどころにこだわりを感じることができます。「若い人が手に取る商品や、量産品には真似できない新しい商品をつくることで繊維業界に興味をもつきっかけをつくっていきたいです」。康宏さんは多くの人にマイテックスの生地に触れてもらいたい想いから、ユニークな遊び心が詰まった自社商品の開発を毎年つづけています。

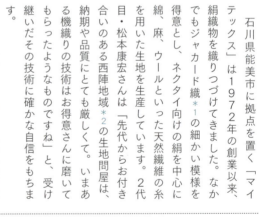

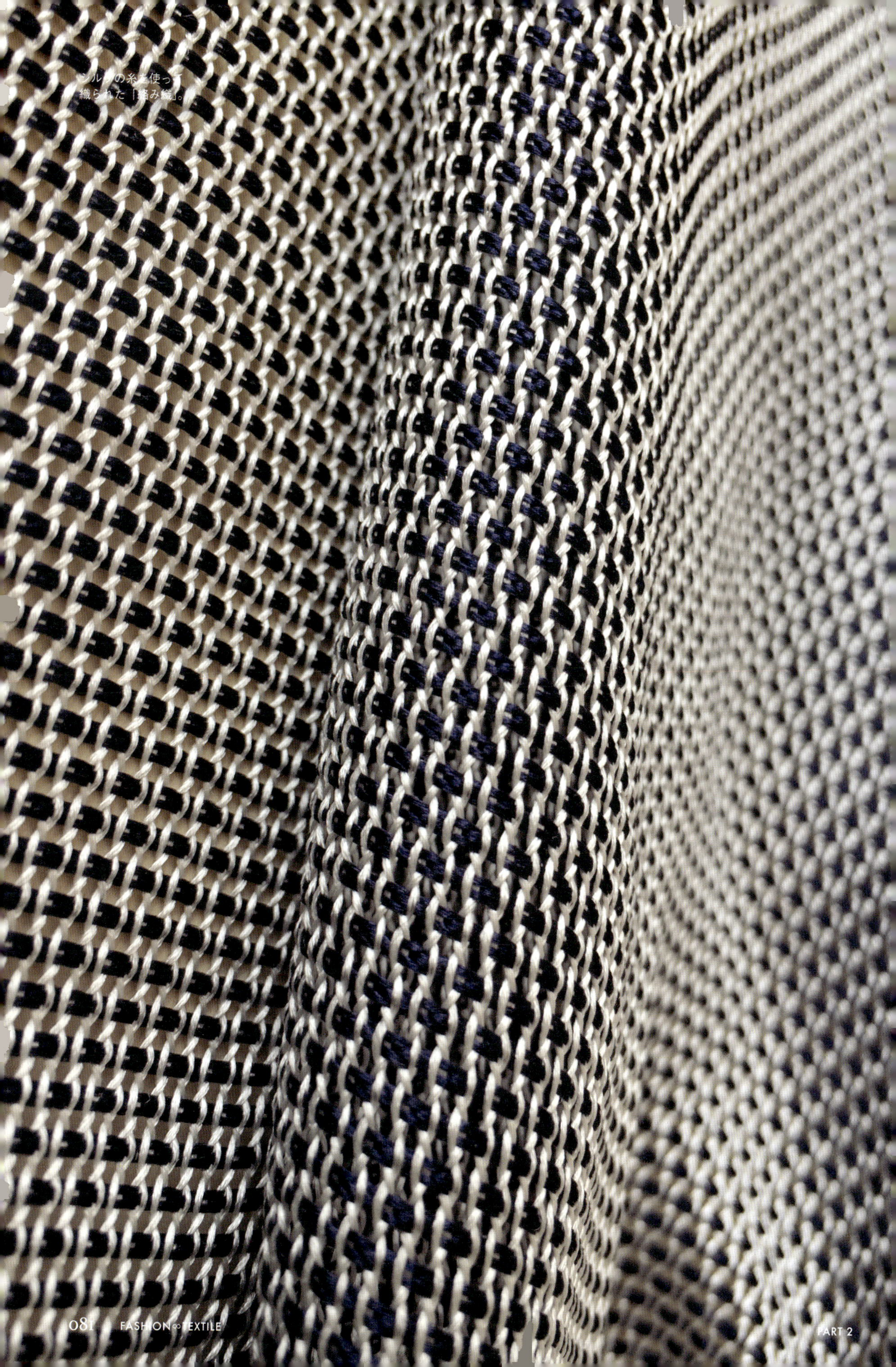

シルクの糸を使って織られた「絡み織」。

玉ねぎの皮を使った染色、ウール素材の圧縮加工、タテ糸を抜くなど康宏さんの手によって後加工が施されたストール。

工場内に保管されている紋紙。これまで織り上げた柄は1000通り以上。

3代目の時代が始まろうとしています

現在マイテックスは保有する16台の低速織機を大事にメンテナンスしながら、オリジナルの生地づくりに励んでいます。最新の革新織機は生産性が高い一方、旧式の低速織機は糸に負担を掛けずにふっくらとした生地を織れる利点があります。時間を掛けてゆっくり織った生地だからこそ、温もりが感じられるのかもしれません。

「既存の販路をさらに広げていきたいです」と語ってくれたのは康宏さん、ではなく、そのご子息の洋平さん。2016年に3代目を継ぐべく、営業担当として同社に入りました。幼少期から機場を見て育ってきた洋平さんは康宏さん同様、マイテックスの生地を広く知ってもらいたいとの想いを強くもちます。

「ゆくゆくは機織りの技術も習得してもらい、現場も任せていきたい」と康宏さんも3代目に大きな期待を寄せます。初代から受け継いだ技術と織機は、2代目、3代目へ脈々とつながっていっています。

＊1　ジャカード織：タテ糸とヨコ糸とが交錯することでドットやボーダー、チェックなどの複雑な柄が表現できる織物。
＊2　西陣地域：高級絹織物の西陣織発祥の地。京都府京都市上京区から北区にわたって織物産業が集積する。
＊3　絡み織：2本のタテ糸を捩りながらヨコ糸を織り込んだ織物。
＊4　タテ糸：織物の長さの方向に通っている糸。
＊5　ヨコ糸：織物の幅の方向に通っている糸。
＊6　バイヤスで裁断：布の織り目、編み目に対して斜めに裁断すること。タテ糸に対して45度の方向を「正バイヤス」と呼ぶ。
＊7　柄の取り都合：企画通りに最終製品の布の柄を配置するために、裁断の際に柄の角度や配置を考慮すること。
＊8　紋意匠師：ジャカード織の柄の設計図となる紋紙をつくる人。
＊9　紋紙：ジャカード織の柄を織り出すため、ジャカード織機に取り付ける穴の空いた型紙。この穴によってタテ糸とヨコ糸の交差部分が織機に指示され、設計通りの柄を織ることができる。

株式会社 マイテックス

〉〉〉adress　石川県能美市和気町ロ221
〉〉〉TEL　0761-51-2210
〉〉〉FAX　0761-51-2210
〉〉〉E-mail　mytechs@agate.plala.or.jp

03

能登上布

山崎麻織物工房

4代目　山崎　隆　≫　100年先にも能登上布がある暮らしを

手績み前の苧麻（上）と手績み後の苧麻糸（下）。

櫛押し捺染の様子。櫛の縁に染料を付けて糸を手作業で染め上げる。

歴史を守ってきた唯一の織元

能登半島の内陸側、中能登地区には約２０００年前まで、麻糸の原料となる苧麻《ちょま》が自生していました。これが現在までこの地で麻織物が盛んに生産されている大きな理由のひとつ。そして織られる麻織物は「能登上布」と呼ばれ、最高級品。軽いながらも張りがあり、清涼感のある風合いは夏用の着物や帯の生地に用いられています。

能登上布は他産地の上布＊1には見られない「櫛押《くしお》し捺染《なっせん》＊2」と「ロール捺染＊3」といった特有の絣《かすり》染め技法により、「蚊絣《かがすり》＊4」「亀甲絣《きっこうがすり》＊5」「十文字絣＊6」などの緻密な絣模様が染め上げられます。それぞれの模様は糸1本分、もしくは数ミリずれるだけで柄が歪んでしまうほどの細かさ。手作業での正確な技術を必要とします。これらの工芸技法は伝統技法の歴史の深さや芸術的に価値が高いと評価され、石川県の無形文化財に指定されています。

１９２０年代、能登産地は麻織物の国内生産量のトップシェアを誇り、最盛期には織元が１２０軒以上ありましたが、現在はたった1軒を残すのみ。その唯一の織元が１８９１年よりつづく「山崎麻織物工房」なのです。１９４０年代、３代目・仁一さんは生地問屋からの要望に応え、中能登地区でいち早く能登上布の生地幅を他産地の反物に合わせて広くしました。これには織機本体や部品に全面的な改良が必要となるため、織り子＊7さんの協力が不可欠。そこで仁一さんは一軒一軒足を運び、50軒もの織り子さんの自宅にある織機を改良したといいます。この苦労の甲斐もあり、他産地と同様の約42cm幅の能登上布が織れるようになりました。そして多様性が高くなったことで、問屋からの注文も集まり始めます。現在は13人の織り子さんとともに年間３００反の能登上布を生産しています。越後上布の年間生産量が約60反であることと比較しても、この数字のすごさはわかることでしょう。

能登上布をより身近に

山崎麻織物を現在継ぐのは４代目の山崎 隆さん。現代のライフスタイルにあった能登上布商品を提案していこうと自社ブランド「RAMIE EPOCH（ラミー・エポック）」を２０１２年に立ち上げます。その第1弾商品は売れ行きも好調なサマーストール。タテおよびヨコ糸の間隔を広げて織りの密度を緩やかにし、手もみの洗いによる、シワ加工を施すことで柔らかな肌触りを実現しています。凹凸がある生地のた

能登上布を織る 13 人の織り子さんたち。

綜絖(そうこう)の小さな穴にタテ糸を通していきます。

山崎麻織物工房でつくられた能登上布の反物。

め、肌にまとわり付かず、夏に首元に巻いても暑苦しくありません。織り子さんたちの意見も積極的に取り入れ、着物や帯にはあまり見られないピンクや水色、ラベンダーなどの淡い色味の糸も使われています。今後は生地幅を１２０ｃｍに広げるなど、洋服用の生地にも対応できる素材を改良検討中。商品バリエーションを増やし、国内に限らず東南アジアを中心に年中暖かい気候の地域にもRAMIE EPOCH、能登上布を広めていくことを目指しています。「次の１００年に能登上布をつなげていきたいんです」。隆さんはこの想いをもってRAMIE EPOCHを立ち上げたほか、自社ホームページやパンフレットの制作にも取り組んできました。その成果もあってか、山崎麻織物には能登上布に魅了されて他県から移り住む織り子さんたちがいます。「織り子さんには1年掛けて機織りの技術を学んでもらうのですが、その上達は早く、自然と品質の良い生地ができあがっている」と言います。

「これからも麻生地や機織りが好きな織り子さんたちと、伝統と進化を意識しながら能登上布を年間３００反以上生産していきたいですね」。隆さんは産地最後の織元として責任を感じながらも、織り子さんとともに能登上布を国内外に広めていきます。

＊1　上布：上等な麻織物。縞や絣模様が多く、夏用和服に使われることが多い。
＊2　櫛押し捺染：櫛型の道具を用いた染色技法。絣模様に応じて幅の違う櫛を使い分け、染料を付けた櫛の縁を付けて糸に着色を行う染色技法。
＊3　ロール捺染：ロールの凸部に染料を付け、糸の上を転がすことで着色する染色技法。
＊4　蚊絣：タテ糸とヨコ糸が交差して表れる模様が蚊のように細かいことから名付けられた十字型の絣模様。
＊5　亀甲絣：亀の甲羅のように六角形が並ぶ絣模様。
＊6　十文字絣：蚊絣に比べ、一回り大きい十字型の絣模様。
＊7　織り子：機を織る工員。織工。

山崎麻織物工房

〉〉〉adress　石川県羽咋市下曽祢町ヲの部 84 番地
〉〉〉TEL　0767-26-0240
〉〉〉FAX　0767-26-0240
〉〉〉E-mail　notojofu@p1.cnh.ne.jp

04

合成繊維を用いたジャガード織物 》 中嶋機業場

2代目 中嶋達夫 〉〉〉 深見町発、世界初。人々を魅了する生地づくり

タテ糸とヨコ糸が波打つように交差する組織。

織機に織柄の指示を送る紋紙。

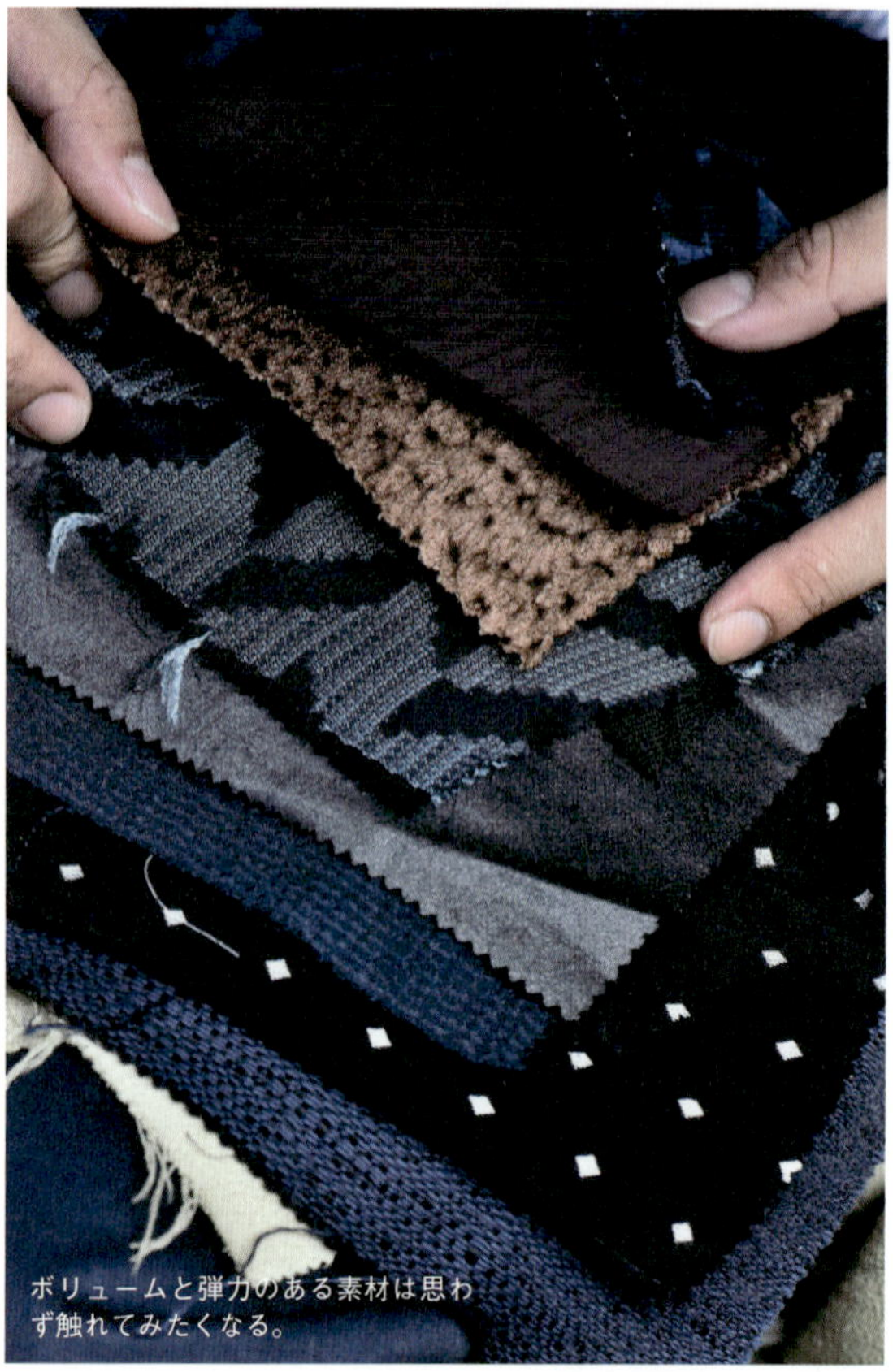

ボリュームと弾力のある素材は思わず触れてみたくなる。

サテン面に裏面のウールを浮かび上がらせた２重組織の織物。

２代目の中嶋達夫さんに織機の扱い方を教わる柳原さん。

国内外で評価されるオリジナル生地

福井県福井市深見町《ふかみちょう》に拠点を置く「中嶋機業場」。オリジナリティ溢れる生地を世界に向けて継続的に発表しています。その創業は1950年。原糸メーカーの素材開発が進み、生地問屋から合成繊維＊1の支給が増え始めたことを機に、婦人衣料やインテリアの生地にも生産の幅を広げ始めます。

得意とするのは合成繊維を用いたジャカード織物。現在の売上は、問屋から注文を受けた生地の製造と自社開発生地の製造・販売の割合が半々。2代目・中嶋達夫さんは、とくに後者の生地開発に大きく力を入れ、こう言います。「自社オリジナルの生地は、これまで培ってきた技術を自分のアイデアに活かせるので、わくわくした想いで実験的につくっています」。東京で開催される見本市では次々と新作を発表し、Japan Creation主催「テキスタイルコンテスト」では過去に3度も入選。2015年にはイタリアで開催された国際見本市「ミラノウニカ」＊2に初めて生地を出展すると、同国ファッションブランドから数十点の生地が選ばれました。その生地の特徴は、ポリエステルやナイロン、キュプラなど異なる素材の糸の組み合わせの新しさにあります。なかでもボリュームと弾力のある中肉素材や表裏で質感と色味が違うダブルフェイスの生地は、思わず触れてみたくなる代物です。

中嶋の生地に惚れた女性と世界を惚れさせる生地を

2016年5月、中嶋機業場には柳原うたえさんという女性が機織りを勉強しに来ていました。達夫さんと彼女の出会いは2011年のJapan Creation。当時テキスタイルを学んでいた柳原さんは、中嶋機業場の生地に強く惹かれます。その後も展示会に足を運んでは見たことのない加工や混紡糸《こんぼうし》＊3、ジャカード式織機を活用した無地のテキスタイルに触れてきました。「ほかの展示会や工場も見学しましたが、中嶋機業場がつくる生地の質感と風合いは強く印象に残りました」。また地方の現場にいる職人さんが自ら展示会で生地を説明し、海外にも挑戦している姿にもとても魅力を感じたと言います。達夫さんはこの彼女の熱い想いを買い、現在は新作生地の企画・デザイン、機械操作の補助、営業、事務など多岐にわたり仕事を任せています。

取材時は、2016年秋のミラノウニカに向け、新たな生地が製織されている真っ最中でした（新作生地の色味担当はすべて柳原さん！）。もともと日本のお客さんから「海外ウケしそうな生地が多い」と言われて考え始めた海外展開。「言葉で表す必要がなく、味があって見た目に面白みのある、そして多くの人が興味をもつ生地をつくっていきたいと思います。そしてその生地はこの深見町から生まれたんだと、福井のものづくりを世界にアピールしていきたいですね」。達夫さんは柳原さんと力を合わせ、誰も想像し得なかった糸と組織と加工の組み合わせから、世界を再び魅了させるオリジナル生地を発信しつづけます。

＊1　合成繊維：純化学的に合成された高分子からできた繊維。ポリエステル、アクリル、ナイロン、ポリウレタンなど。
＊2　国際見本市「ミラノウニカ」：毎年2月と7月に伊・ミラノで開催されるファッションの素材見本市。
＊3　混紡糸 :2種類以上の繊維を混ぜ合わせて紡績した糸。混紡によりメインとなる繊維の欠点が補われ、機能が強化される。

中嶋機業場

〉〉〉adress　福井県福井市深見町113-5
〉〉〉TEL　0776-41-0228
〉〉〉FAX　0776-41-0368
〉〉〉E-mail　tatuorimono@yahoo.co.jp

05

しけ絹

松井機業

6代目見習い　松井紀子 〉〉 南砺市産の絹を未来につなぐ

しけ絹を絶やすことなく140年

肌をすべる絹がとても心地良く感じたことのある方は多いと思いますが、「しけ絹」という言葉を耳にしたことのある方はどれくらいいるでしょうか。蚕はごく稀に2頭でひとつの大きな繭をつくることがあり、その繭から紡がれた糸をヨコ糸に織った貴重な絹織物を「しけ絹」と呼びます。2頭が出す糸が絡み合うことで生まれるしけ絹の不規則な膨らみは人の手でつくり出すことが難しく、しなやかな張りと透明感は美しく感じられます。

400年以上前、富山県南砺《なんと》市城端《じょうはな》で生まれた絹織物は「加賀絹＊1」として京都に納められていました。最盛期には総戸数の6割以上が絹織物関連の仕事に携わるなど絹織物の代表的な産地として大きく発展を遂げます。今回訪れた「松井機業」も創業から140年、この地でしけ絹を織りつづける老舗。しかし現在、城端のおもな生産はポリエステル、ナイロンなどの合繊織物であり、しけ絹を織る機屋は松井機業以外にありません。

しけ絹の現状に、6代目（見習い）・松井紀子さんはこう話してくれました。「城端でお会いした蒔絵師《まきえし》＊2さんや大工の棟梁さんたちは、自分の

つくったものがどんなかたちで100年、200年先に残っていくのかを考えてものづくりをしています。私もしけ絹や絹を後世に伝えていくためにできることをしていきたいと思います」。また、地元の職人さんたちとの出会いをきっかけに「南砺市産の絹を残していきたい」との心境に至ったと言います。そして紀子さんは絹との新しい暮らし方を提案するブランド「JOHANAS（ヨハナス）」を2014年に立ち上げます。

暮らしにしけ絹を

一般的に絹は繊細、高級というイメージがありますが、優れた機能性ももちます。絹がもつ「保湿性」「保温性」「放湿性」を活かし、JOHANASでは生活雑貨を中心に商品を展開。現在ある全15タイトル中、12タイトルがしけ絹を用いてつくられています。なかでも、紀子さんのお気に入りはしけ絹でつくられた日傘。「しけ絹から漏れるかすかな光がとても神秘的に感じられます。それに絹は太陽光に含まれる紫外線をカットして、強い日差しから肌を守ってくれるんです」。松井機業の工場内に併設されたショールームにはほかにも、初作で評判の良かったご祝儀袋をはじめ、これまで提案して

精錬前のしけ絹。しなやかな張りがあり、陽に照らされると独特の光沢を放つ。

2頭の蚕が協働でつくり出した玉糸。

70年使いつづけたジャカード式織機。桐（きり）と鳳凰（ほうおう）の模様が生地から浮かび上がる。

きた様々な商品（富山の特産品であるブルーベリーから抽出した染料を使用したボタニカルストールや京扇子の老舗メーカー白竹堂とコラボレーションした紙扇子など）が並んでいます。

お蚕さんへの感謝を忘れずに

２０１６年春、紀子さんは工場の片隅で蚕を育て始めます。「毎朝４時に起きて、お蚕さんの様子を見て、土を耕して、朝ご飯を食べる。そういう生活をしていると、お蚕さんが土や水、光の大切さを教えてくれるんです」。養蚕で飼われる蚕は、繭の中で成虫になる前のさなぎの状態でその一生を終えます。そして着物１反分（着物生地の場合、約１反＝23ｍ）の生地を織るには繭が約３０００粒（＝生糸約１kg分）も必要となるのです。

「たくさんのお蚕さんの命をつないで絹製品はできあがります。しっかりと感謝の気持ちをもたなくてはいけません」。紀子さんは自ら蚕を育て、命の尊さを学びながら、絹と向き合うことを大切にします。そしてJOHANASを通じて、多くの方々に長く愛されつづけられる絹製品を提案し、その背景にある蚕の物語を伝えていきたいと言います。

＊１　加賀絹：加賀・越中地方を産地とする絹織物。光沢があり、発色が良く、裏地に用いられることが多い。
＊２　蒔絵師：漆器の表面に漆で模様を描き、その漆を接着剤として金属粉・貝粉などを蒔いて加飾する「蒔絵」を生業にする。

株式会社 松井機業

〉〉〉adress　富山県南砺市城端 3393
〉〉〉TEL　0763-62-1230
〉〉〉FAX　0763-62-1231
〉〉〉E-mail　info@sikesilk.com

06 強撚糸織物 白龍

3代目 森 浩人 〉〉 世界で採用される強撚糸織物が生まれるまでの道のり

工場内にある織機のタテ糸の準備はすべて、職人の手作業によって行われる。

婦人衣料の生地を生産しつづけていくために

国内大手アパレルメーカーや海外のビッグメゾンに起用されるなど、日本を代表する強撚糸織物の機屋である「白龍」。創業は1950年。ポリエステル素材の強撚糸＊1を用いたシフォン＊2やジョーゼット＊3の生産を得意とする同社、当初シャトル式織機＊4でレーヨンを用いた先染め＊5のオーガンジー＊6やタフタ＊7を生産。1963年には原糸メーカーからポリエステルの糸が支給されるようになると強撚糸織物の生産を始めます。

現在は撚糸、整経《せいけい》、製織の工程を社内で一貫して行い（分業が進む北陸の工場としては珍しい）、50台のウォータージェット織機＊8によって年間生産数量5万反ほどの強撚糸織物を生産しています。また製品として出荷可能な反物の割合を示すA反《えーたん》＊9率が99・7％と高い品質を誇ることも国内外から評価をされている理由のひとつです。

しかしそれまでの道のりは決して平坦なものではありませんでした。2003年、創業当初からの取引先であった原糸メーカーが婦人衣料生地を生産終了することを受け、白龍は唯一の受注先をなくします。これが婦人衣料生地の生産に生涯携さわりたいとの強い想いをもつ3代目・森 浩人さんにとって大きな転機となりました。浩人さんは当時勤めていた大阪の繊維商社を辞め、白龍に入社します。そして北陸の産元商社＊10を中心に自ら開発した生地を売り込み、お客さんの要望に応えることで取引先を増やしていきました。いまやその数は10社以上。取材時には強撚糸織物の生産委託の注文で織機が半年先まで埋まっていました。

目指すは「強撚糸織物といえば『白龍』」

現在、白龍の生地の4割は独自開発によるもの。問屋から委託を受けて生地を織ること（＝賃織《ちんおり》）をメインとする機屋が多い北陸においては珍しく、その割合は高いといえます。これは一年中ムラのない生産を可能にすることを目指したためであり、商品開発について浩人さんはこう話します。「定番品だけでは東アジア諸国との価格競争で勝ち目がないと現場は思い込んでいたんです。しかしジョーゼットの商品バリエーションなら白龍が一番だと思わせたい一心で開発に取り組みました」。浩人さんは中肉素材や柄物、無撚糸を用いた生地など、白龍がこれまでつくってこなかった生地づくりに挑戦。使用経験のない太番手《ふとばんて》＊11を使ったときは、織布の工程で織機のスピードや整経の

1000 本の糸が整然と並ぶタテ糸の準備工程（整経）。

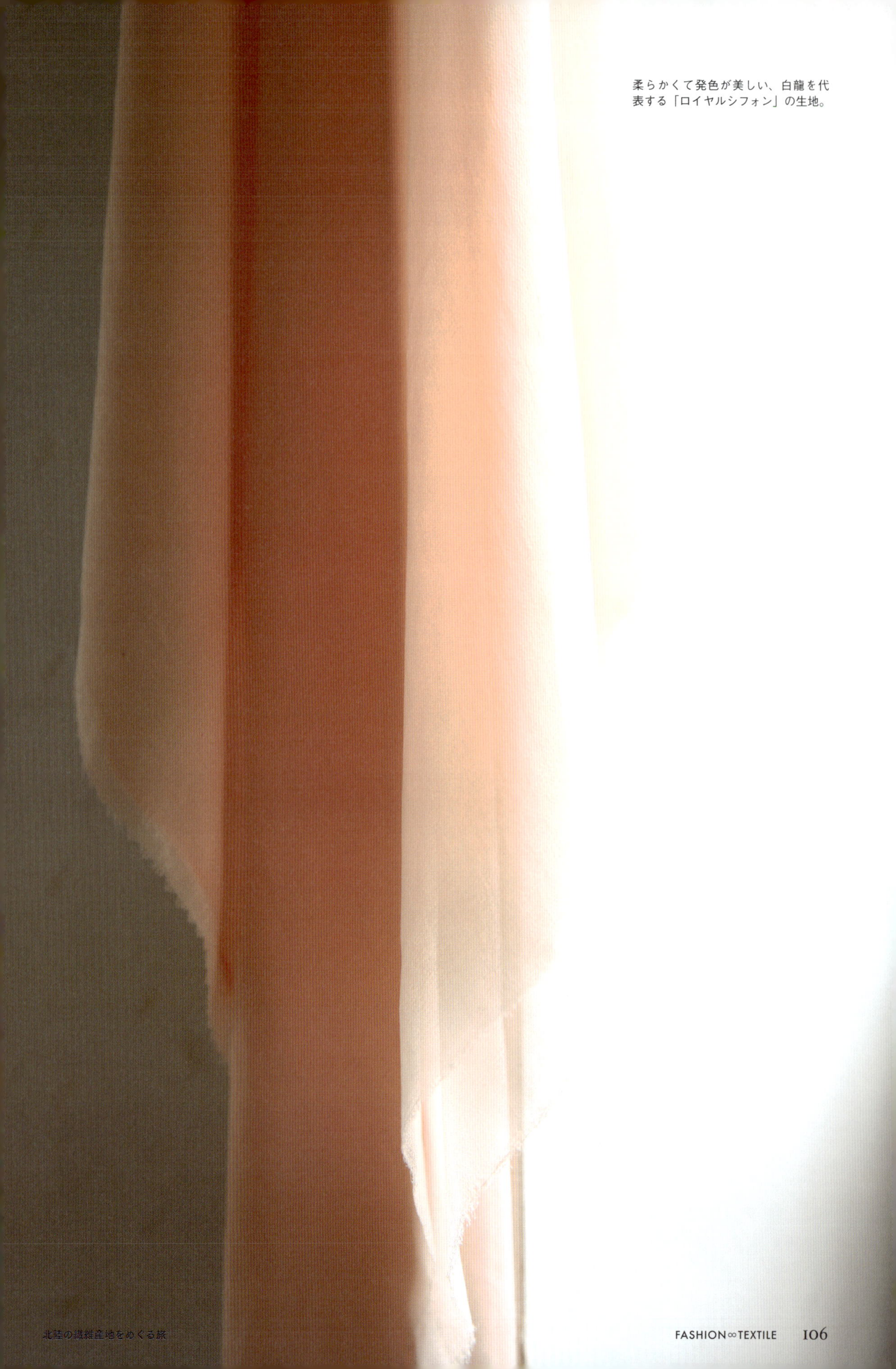

柔らかくて発色が美しい、白龍を代表する「ロイヤルシフォン」の生地。

タテ糸の張り具合を繰り返し調整するなど、多くの苦労を伴ったと言います。けれどもこの太番手の導入によって、200種類以上の生地が新たに開発できるようになったのです。それらの生地はパンツやコートの素材に採用されるようになり、従来は閑散期となっていた秋冬シーズンにおいて「白龍は秋冬アイテムに使える厚みのある強撚糸織物をつくることができる」と評価されるようになりました。なかでも「ダブルサテン」は毎シーズン生産される生地としてすでに定番化しています。

「お客さんからの要望を参考にすることで、これまでのアイデアはほとんど形にしてきました」。今後、浩人さんは自社のみならず、原糸メーカーや染色・加工会社とも共同で素材開発に取り組んで新たな生地をつくっていきたいと言います。そしてこうも語ってくれました。「海外の安価な生地の流入により、婦人衣料生地の国内生産は減少し、衣料生地から産業資材＊12の生産へ割合が移っている現状ですが、白龍ではこれからもずっと婦人衣料の生産をつづけていきます。そして『強撚糸織物といえば〝白龍〟』と世界から支持されるものづくりを目指します」。国内外問わず、婦人衣料を手にするときは「これは白龍の強撚糸織物かな？」とアンテナを張っておいてくださいね。

＊1 強撚糸：撚糸回数2,000T/m以上の糸。T/mは1メートルあたりの撚り数（Twist）を表す。
＊2 シフォン：タテ糸とヨコ糸に強撚糸を使用して粗く織った織物。ジョーゼットに比べて薄く、透明感がある。ブラウスやワンピースによく用いられる。
＊3 ジョーゼット：タテ糸とヨコ糸に強撚糸を使用して粗く織った織物。シフォンに比べて厚みがある。
＊4 シャトル式織機：シャトルの中にヨコ糸を巻いた木管を入れ、開口されたタテ糸のあいだを往復させて布を織る機械。
＊5 先染め：布を織る前の糸や繊維を染色すること。
＊6 オーガンジー：平織で薄手、軽く透けている生地。平織とはタテ糸とヨコ糸を交互に浮き沈みさせて織るもっとも単純な組織。ウェディングドレスやフォーマルドレスなど、おもにダンスや舞台の衣装によく用いられる。
＊7 タフタ：極細のヨコ畝（うね）のある絹や合成繊維の薄地平織物。ヨコ畝とはヨコ糸に2本以上の糸、あるいは太い糸を用いることで織物の幅の方向にできた盛り上がりのこと。
＊8 ウォータージェット織機：ポンプで圧縮した水によってヨコ糸を通す織機。
＊9 A反：品質基準を満たした出荷可能な反物。その基準は生産元である企業・工場によって異なる。
＊10 産元商社：国内の繊維商社やアパレルメーカー、生地問屋から注文を請け、産地の機屋やニッターなどに原糸を手配、織物・編物の生産や加工を依頼する商社のこと。
＊11 太番手：一定の重さに対して、どれだけの長さになるのかを表した糸の太さを表す単位。番手は短繊維の、デニールやデシテックスは長繊維。綿や毛（ウール素材）や麻といった短繊維は数字が大きくなると細く、ポリエステルやナイロンといった長繊維は数字が大きくなると太いことを表す。
＊12 産業資材：自動車のエアバッグや農業資材、建築資材など非衣料分野の繊維。

株式会社 白龍

〉〉〉adress 石川県能美市辰口町107
〉〉〉TEL 0761-51-2054
〉〉〉FAX 0761-51-5641
〉〉〉E-mail h-mori.hakuryu@po3.nsknet.or.jp

07

織りネーム・特殊性能をもつ布製品

ウーブンナック

3代目　西　弘三　〉〉〉「下手の考え休むに似たり」。新たな技術で日本だからこそ、できることを

将来を見据える決断 レピア式織機に魅了されて

石川県白山市鶴来本町に拠点を構える「ウーブンナック」。シャトル式織機による製織が一般的であった当時の日本において、海外からいち早くレピア式織機*1を導入します。そして1936年の創業より今日まで数多くのアパレル・スポーツブランドの織りネーム*2を生産してきました。3代目・西 弘三さんはその経緯をこう振り返ります。「レピア式織機が開発されたと知り、香港まで行ったんです。日本製のシャトル式織機のスピードより、5倍近くも速いスピードで稼働しているレピア式織機を見たときはとても驚きました」。弘三さんは日本製のシャトル式織機の10倍近い価格にもかかわらず、レピア式織機の導入を決断。その後、その操作・整備を学びにヨーロッパに渡りました。

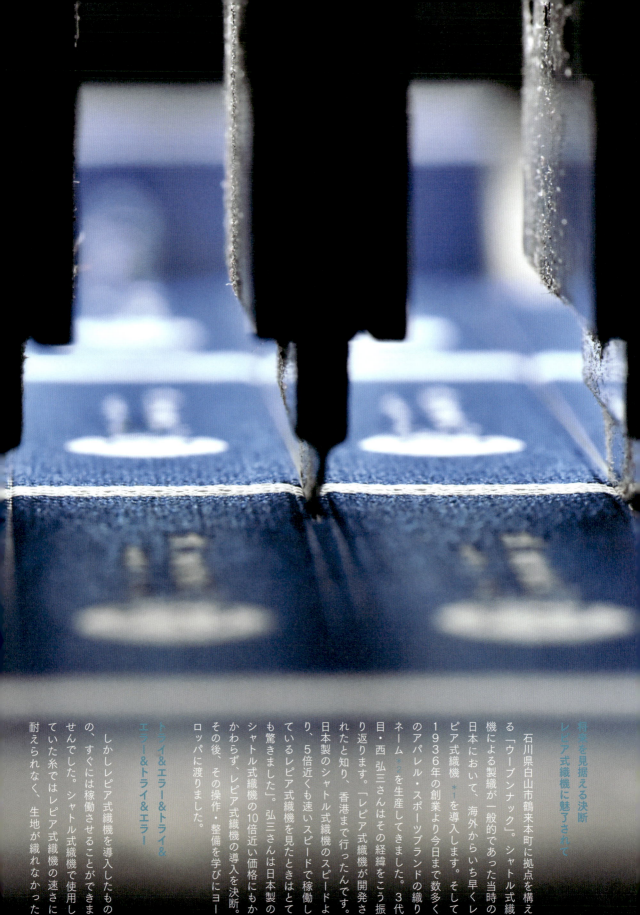

トライ&エラー&トライ&エラー&トライ&エラー

しかしレピア式織機を導入したものの、すぐには稼働させることができませんでした。シャトル式織機で使用していた糸ではレピア式織機の速さに耐えられなく、生地が織れなかった

織り上がったネームをカットする超音波のカッター。エッジが柔らかく仕上がり裏面のガサつきが軽減する効果がある。

のです。そこで織機と糸との摩擦を減らすために、糸にオイルを塗るなどの工夫を施しました。すると生地は織れるようになりましたが、今度はオイルのシミや臭いが新たな課題に。試行錯誤の末、新潟県のサイジング[*3]工場の糸を使うことで問題を解決し、その後も研究を重ねて福井県のサイジング工場の糸に切り替えるなど、さらなる改善を図りつづけています。その成果もあってか、アパレルブランドの織りネームの生産を請け負うようになり、レピア式織機は4カ月先まで注文が埋まるほどの活躍を見せました。

織機を通して学んだことから産地の危機感を乗り越えていく

こうして、レピア式織機が順調に稼働し始めてきた後、弘三さんは取引先の中国での工場立ち上げに携わる機会がありました。そしてそのとき、いずれは国内の生産拠点が海外に移ってしまうのではないかと産地の将来性に危機感を抱き、日本でしかできないものづくりを進めていくことを決心したと言います。それからの弘三さんは様々な人と話す機会を積極的に設け、工場や試験場、メーカーなどの専門家を紹介してもらい、知識の習得に励みました。そして、ここから生まれた人のつ

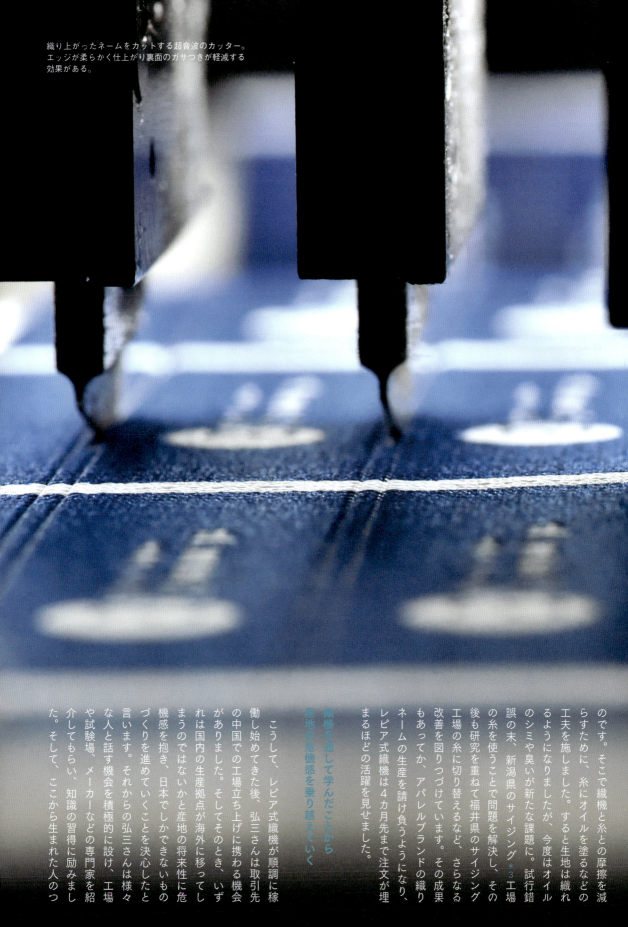

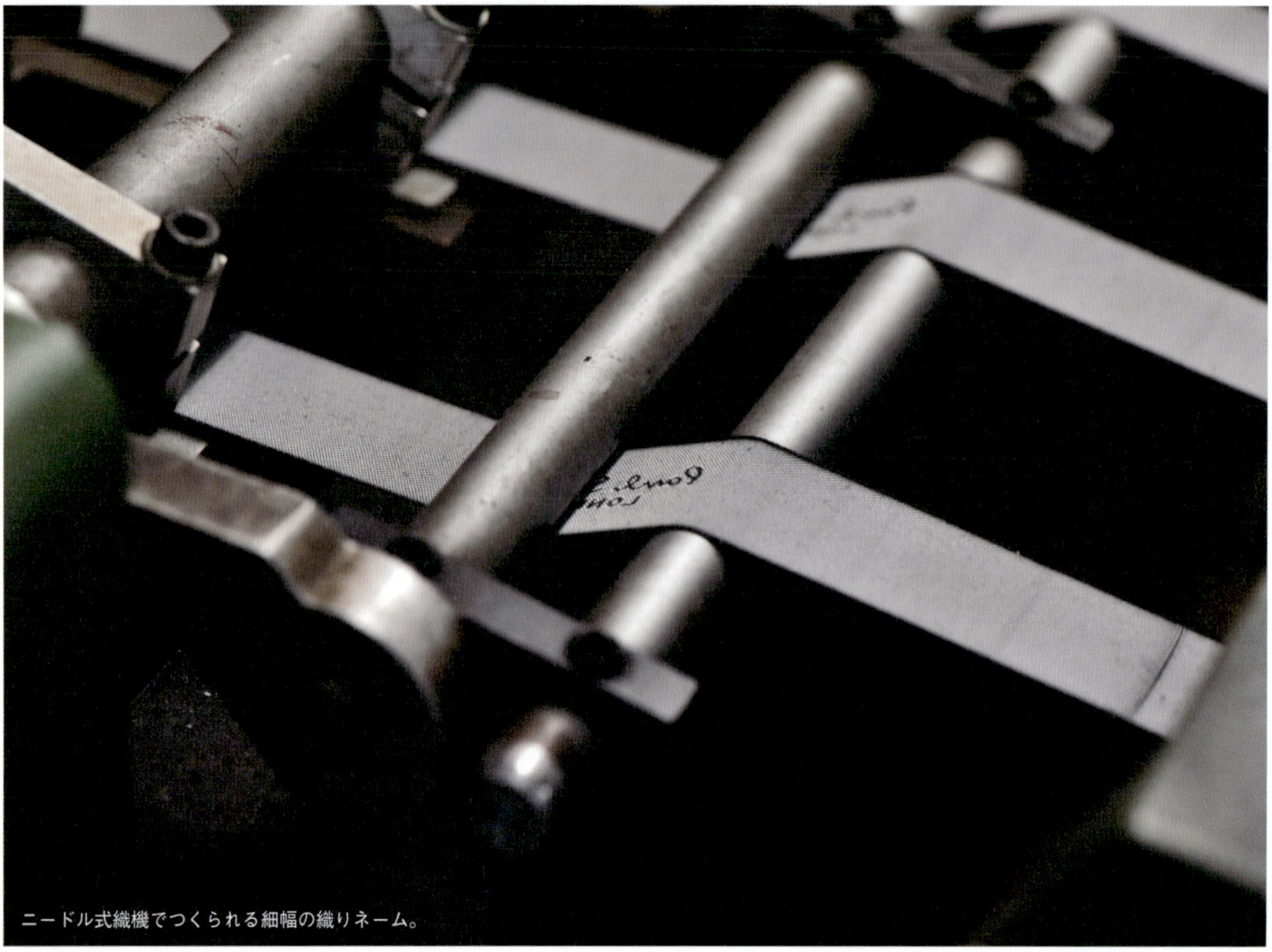

ニードル式織機でつくられる細幅の織りネーム。

高速で稼働するレピア式織機。一度に数十枚の織りネームをつくることができる。

工場にはレピア式織機８台、ニードル式織機が６台並んでいる。

ながりが実際の商品開発にもつながっていると言います。また、営業拠点を東京と大阪の2カ所に設置し、お客さんの要望にすぐ応えるための体制も整えていきました。

現在、同社はレピア式を始め、シャトル式やニードル式と3種類の織機を稼働させ、織りネームのほか、タペストリーやワッペンなどを生産。ほかにも蓄光糸＊4やブラックライトで発色する糸、消臭・抗菌効果をもつ糸、温度で色が変化する糸などを用いて、独自の商品開発に力を注いでいます。「考えてばかりいるのは休んでいることと一緒。大切なのは自分が興味をもったことに飛び込み、道を開いていくことです」。日本の産地が厳しい状況であるといわれるなか、弘三さんが困難な状況にもめげずに活動の幅を広げているのはレピア式織機との出会いが大きく影響しています。そこで身につけた飽くなき探究心は、次の世代に産地の可能性をつなげていきます。

＊１　レピア式織機：レピアと呼ばれる槍状の金属でヨコ糸をつかみ、タテ糸と高速で交差させることで布を織る機械。シャトル織機に比べて、高速での製織を可能とし、織り幅も調整できる。
＊２　織りネーム：ジャガード織機にて織られた織柄でブランド名やロゴをデザインしたタグ状のもの。ウーブンナックでは主力商品の織りネームのほか、ワッペンやリボンなどの製造も行う。
＊３　サイジング：布を織る際、糸が隣の糸または織機の金属部との摩擦で切れることを防止するために、糸を糊でコーティングすること。
＊４　蓄光糸：太陽や電灯などの光をエネルギーとして蓄積し、放出する際に発光する糸。

ウーブンナック 株式会社

〉〉〉adress　石川県白山市鶴来本町４丁目リ 72
〉〉〉TEL　076-272-0870
〉〉〉FAX　076-273-3824
〉〉〉E-mail　info@wovenac.com

08

ゴム入り細幅織物 〉〉 二口製紐

2代目 二口 卓 〉〉〉 様々な人との出会いを大切に、かほくを「働きたい産地」へ

再帰性反射機能が備わったバイヤステープも生産している。

整経、製織、糊付けまで平ゴムの一貫生産が行われている。

ニードル織機を使って織られていく平ゴム。

かほく産地だからこそできた高品質の平ゴム

日本海に面した石川県かほく市は「ゴム入り平組紐《くみひも》＊1」の発祥の地とされています。その始まりは1945年頃。漁師や百姓の奥さんたちが内職でつくっていた組紐に端を発します。1970年代にパンティストッキングが全国で爆発的にヒットすると、かほく市は国内大手下着メーカーの商品の生産を請け負うように。この最盛期に多くの工場がニードル式織機＊2を導入し、組紐・織りの技術が発達します。その後、収縮性のあるゴム入り細幅《ほそはば》織物は生産量、品質ともに向上し、現在も全国シェアの60%以上を誇ります。

このかほく産地で「二口製紐」は1971年よりゴム入り細幅織物＊3の販売・製造を行っています。得意とするのは、ゴム入り細幅織物に使われる「平ゴム」。服飾資材としてはあまり目立ちませんが、パンツ各種のウエスト部分や医療用のコルセットなど生活の身近なシーンで多く使われています。また国内大手スポーツメーカーの商品にも採用され、中国や東南アジア諸国への海外輸出も行っています。

そのゴム入り細幅織物に使われる平ゴムは、3種類（天然、合成、ポリウレタン）のゴムとポリエステルの糸の組み合わせからなり、国内で10〜80mmの幅展開をしているのは二口製紐のみ。常にすべての平ゴムを在庫し、クイックな対応を可能としています。厳しい製品基準である「Class Ⅰ（乳幼児製品）＊4」の認証を取得。安心・安全にこだわった製造、商品開発を行っています。そして何より、かほく産地には様々な糸の加工に挑戦してきた歴史と高い技術力があります。このため、撥水《はっすい》や蓄光などの機能を備えた糸や異素材を組み合わせた糸をつくることがなし得ると2代目・二口卓さんは言います。しかし繊維業界においても「かほく＝ゴムの産地」として認知されていないと卓さんは感じており、「働きたい産地」にイメージ転換を図るべく様々な活動に取り組んでいます。

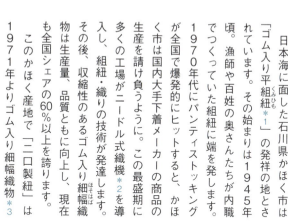

平ゴムとかほく産地を知ってもらうために

その取り組みのひとつは、金沢文化服装学院＊5と協働し、root design office＊6代表・原嶋亮輔さんの授業で行った平ゴムの商品開発。卓さんは学生の工場見学を受け入れ、平ゴムの特性やかほく産地の歴史を伝えました。こうして学生のアイデアをもとにつくられたインテリア商品が「ウォールストラップ」。ループ状の平ゴムを壁に

タテ糸やカバーリング糸（ゴム）用のクリルスタンド。

取り付けて小物を収納でき、平ゴムがもつ可能性をさらに感じさせてくれます。

また、石川県金沢市で活動する作家ともコラボレーション。ゴム紐を使ったボトルネットやメガネストラップの商品を開発しました。「魅力的な商品を開発・提案していくことで、かほく産地に対して『感性を活かしたものづくりができる』と思ってもらえると嬉しいです」。こう語る卓さんは様々な人とつながることで、平ゴムとかほく産地をより多くの人に知ってもらえるよう、精力的に活動しつづけているのです。

現在、平ゴムの用途がコルセットやサポーターなどのメディカル衣料向け素材に採用され始めるなか、二口製紐は「販売チャネルを増やす」ことを目標に掲げます。「ジャンルに特化した素材を開発して他社には真似できない平ゴムをつくりたいです」。卓さんの意欲的な挑戦によって引き出される平ゴムとかほく産地の新たな魅力に今後も注目せずにはいられません。

＊1　ゴム入り平組紐：天然ゴムや合成ゴムを芯にして複数本の糸を交互に交差させて組まれた平らな紐。
＊2　ニードル式織機：弓状の形をしたニードルと呼ばれる金具の先端に引っ掛けたヨコ糸をタテ糸に交差させることで、幅が狭い織物を生産する機械。
＊3　ゴム入り細幅織物：ゴム入りの糸を使って織られる幅が127㎜以下の織物。
＊4　Class I（乳幼児製品）：人体への有害物質による影響をなくすことを目的とした繊維の全加工段階における世界的に統一された試験・認証システムである「エコテックス規格100」の分類のひとつ。生後36ヵ月までの乳幼児の安全が考慮されているため、厳しい基準が設けられている。
＊5　金沢文化服装学院：石川県金沢市にある服飾専門学校。1955年創立。「社会・企業から歓迎される人財の育成」を教育方針に掲げ、ファッション業界で活躍する人材を育成している。
＊6　root design office：プロダクトデザイナーの原嶋亮輔氏が代表を務めるデザイン会社。「美しいものづくりをつなげる」ことをコンセプトに掲げる。

株式会社 二口製紐

〉〉〉adress　石川県かほく市高松サ 49-66
〉〉〉TEL　076-281-0632
〉〉〉FAX　076-282-5856
〉〉〉E-mail　info@futakuchi.jp

布地と比べると、タテ糸の本数が少ないので、平ゴムは同時に複数本の生産が可能。

09

カバーリング加工 〉〉 小山カバーリング

専務取締役 小山祐一 産地のいまと向き合い、まず自分がやるべきことを

衰退していく産地を前に、考えたこと

一般的に身近な繊維製品に使われる生地は、複数の糸を組み合わせて織り、編むことでできあがります。この糸を組み合わせる加工を「撚糸《ねんし》加工＊1」といい、そのなかで天然ゴムやウレタン繊維の糸を延伸させたものに、綿やウール、ポリエステルの糸を巻き付ける加工を「カバーリング加工＊2」といいます。そして、この加工を得意とするのが「小山カバーリング」。

合成繊維分野において国内最大の撚糸産地である石川県で、同社は1950年に創業。当初は組紐とタテ編製品の生産を行っていましたが、1975年にマシン3台からカバーリング事業をスタートします。拠点に置くかほく産地の成長に合わせ、やがて工場の規模は拡大。加工を施してきた糸は100種類以上を超え、カバーリング加工を施した糸は二ロ製紐がつくるゴム入り織物やスポーツ衣料のタテ編生地＊3に用いられています。

現在は10台のマシンが稼働するも、年々縮小するかほく産地の現状に専務取締役・小山祐一さんは危機感を抱いています。「取引先の新規参入はあまり期待ができなく、下請けの仕事をこなしているだけではいけません。自

らの技術を市場に売り込んでいかないと」。これまでの糸加工の経験を活かした自社発信のものづくりを目指し、祐一さんは商品の開発に踏み出します。

次の世代に産地を託す前に、できること

商品開発は2008年に始まり、手袋やレギンスなどを製造。2013年にはニットのヨコ編み用のホールガーメント機*4を導入し、商品の改良に迅速に対応できる体制を整え、商品の利益率改善を図ります。しかし3年ほどは商品がまったく売れませんでした。

そんなとき、乾燥肌で悩んでいた祐一さんは大阪の原糸メーカーがコラーゲンを含んだ糸を製造していることを知ります。そしてこの糸を使えば肌が健康になるのではないかと考え、従来から製造していた手袋やレギンスに採用し、「保湿性」の機能を付加しました。「自分が欲しいものばかりをつくるのではなく、お客さんの立場から商品を開発するように心掛けました」と祐一さんは振り返ります。その後お客さんは徐々に増え、製品売上は会社全体の1割程度に。今後は糸の加工とともに売上の2本柱となれるよう、さらに商

ウレタン繊維の糸にポリエステルの糸がカバーリング加工されていく様子。

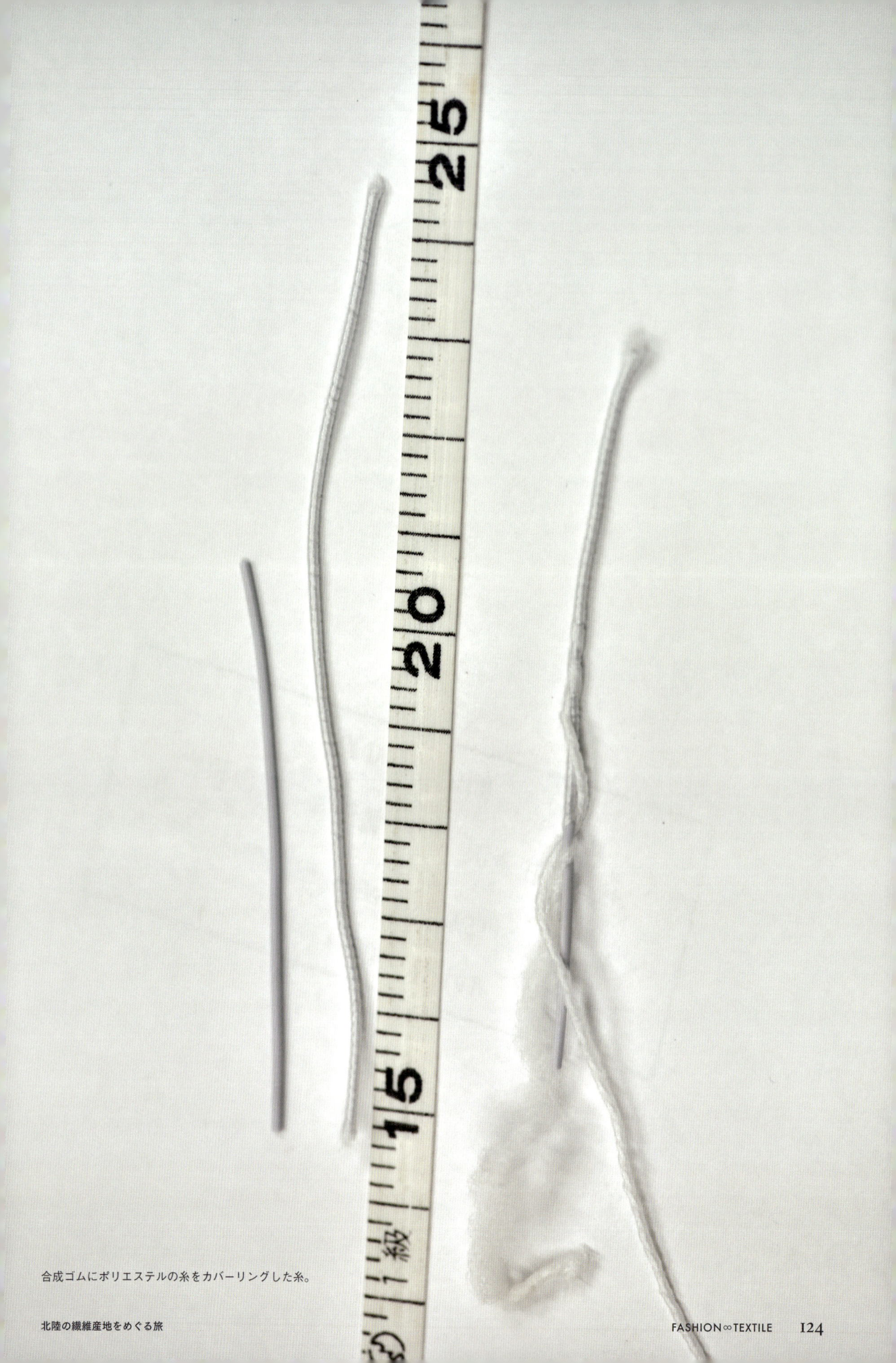

合成ゴムにポリエステルの糸をカバーリングした糸。

事業開始時は３台だったカバーリングマシンが、現在は工場内で10台が稼働する。

品開発に力を入れていくと言います。

祐一さんにものづくりに懸ける想いをお伺いしたところ、「こんなこと言ったら失礼ですが、ものづくりに懸ける熱い想いなんてありません」との回答が。しかしつづけてこう話してくれました。「将来的にはさらにホールガーメント機を導入し、製造はなるべく少人数で。開発した商品を営業・販売できる人を配置していきたいです。産地に若い人材が増えて活性化することを願うよりも、自らがものづくりを長くつづけて行くことが産地の未来をつないでいくことになるのではないでしょうか。そのためにも、いまは小規模ですが適切な生産体制を整えています」。

その言葉には産地、ものづくりに対する確かな想いを感じることができました。次の世代に託す前に、祐一さんはいまの産地に対して自身ができることをしっかり見据えています。

＊１　撚糸加工：糸に撚りを掛ける加工。撚りを加えることで糸の強度や弾性が増し、太さも均一になる。
＊２　カバーリング加工：ポリウレタンや合成ゴムなど伸縮性のある糸を覆うように、繊維素材の異なる糸を巻き付ける加工。
＊３　タテ編生地：タテ方向に編目がつながってできたニット生地。ヨコ編生地に比べて伸縮性は劣るがほつれにくく、軽く、通気性が良い。インナーやカーシート、シューズのアッパー素材などに用いられることが多い。
＊４　ヨコ編み用のホールガーメント機：手袋や帽子、靴下などのヨコ編み製品を製造する機械。

有限会社 小山カバーリング

〉〉〉adress　石川県かほく市高松エ 13
〉〉〉TEL　076-281-0335
〉〉〉FAX　076-281 1178
〉〉〉E-mail　info@koyamacovering.com

10

レース〉〉〉太陽

3代目 田中秀和 〉〉〉 受け継がれる初代の執念、こだわり抜かれた細やかさ

社内デザインのレース柄は 1000 種類を超える。

こだわるからこそ 自社デザイン

かほく産地の3件目は、フォーマルウェアやウエディングドレスなどに用いられるレース生地の製造・販売を行う「太陽」。

その特徴のひとつは、きれいなドレープと安定した発色をもつキュプラ＊1を用いることで生み出される、しなやかさと光沢感を併せもつこと。繊細ながらもインパクトのある編み柄は美しく、気品が感じ取れます。

太陽の創業は1967年。1970年代にはナイロンと綿の糸を用いた「ラッセルレース＊2」がタクシー会社のシートカバーに採用されます。1990年代にはインドネシアなど海外への輸出量が増え、ラメ糸を用いたレース生地を毎年1000反（1反＝約50m）生産し、会社の基盤を築きます。現在は3代目の田中秀和さんがその看板を背負います。

太陽がこれまでに編み上げたレース柄は1000種類以上。そのほとんどが社内でデザインされたものであり、創業当初より流行にとらわれない普遍的な柄を生産しつづけています。

秀和さんは初代の惣二《そうじ》さんとともに現場で働いた1年半に多くを学んだと話します。「初代が細部にまでこだわって描写した柄がとても好きで、ものづくりへの強い執念が感じ取れたんです。いまは初代とともにデザインに携わり、そのエッセンスにも深い理解をもつ従業員さんが柄を描いています。細部にこだわりたいからこそデザインは自社で手掛けています」。なかでも印象的であったのが「サンベロア」というベロア調のレース生地。原糸メーカーと染色工場の技術を掛け合わせてできる、立体的な編み柄とレースの繊細さは独特の光沢を放ちます。ほかにも「サンリバー＊3」「サンボビン＊4」などのレース生地が独自に開発されています。

1に検品、2に検品。 レースが輝くために

太陽ではレースが編み上がったときに1度検品、補修。その後、外部の染色工場で染められたときに2度目の検品、社内に納品されたときに営業担当が最終検品。このように3度検品を行うこともその特徴のひとつです。「レースは糸が切れやすい繊細なデザイン。自社で最後まで責任をもつため、手間を惜しまずに検品作業を繰り返して品質管理を徹底しています」。

工場で検品・補修作業を行うのは3名。「生産現場でのチェック表を元に

検品の工程。職人さんの目視によってレースに傷がないかをチェック。

編みの種類によって使用する糸が異なるため、独自の仕様を作成し、糸入れの間違いがないように生産準備を行う。

繊細かつ優美で大胆な柄も多い、
太陽オリジナルの「サンリバー」。

ひとつひとつのキズを根気よくチェックし、細かく丁寧に補修をしてくれるスタッフがいるからこそ、お客様から評判の良い高品質のレースが販売できています」。修繕後のレースを見ると、糸が切れていた箇所がまったくわからないほど。

「太陽のレースでつくられた洋服を、燦々《さんさん》と輝く太陽の下でたくさんの方々に着てほしい」。これは太陽の社名にも由来する考え方です。秀和さんはこの想いをもって、ホームページを刷新、SNSでの情報発信、問屋以外への販売などの活動も模索し、努めています。「欧米の豪華なレースにも負けない、糸や細部のデザインまでこだわってつくり込まれたレースを、もっとたくさんの方々に知ってもらいたいです」。秀和さんは創業当初からのこだわりを受け継ぎ、服地以外への用途も視野に入れ、初代から学んだものづくりをつづけていきます。

＊1　キュプラ：しなやかで、肌触りもよく、光沢がある糸。スーツの裏地に使われることが多い。

＊2　ラッセルレース：ラッセルレース機というタテ編機でつくられたレース。リバーレースをイメージさせるレース生地の生産が可能なタイプ。高速で多様な生地を編むことができる。薄くて平面的なレースからボリュームのあるレースまで仕様によって様々なレースを生産することが可能であることから、インナーやウェディングドレスなどにも多様される。ちなみに、リバーレースとはリバーレース機で生産された、細い糸や太い糸を撚り合わせてつくられた優美で繊細な高級レースのこと。組織が複雑で大量生産が困難であることも特徴のひとつ。

＊3　サンリバー：リバーレースのような繊細で優美なレースを模範にして、太陽オリジナルの生産されたレースのこと。レーヨン、ナイロン、ポリエステル、ラメ糸、フィルムなどの糸が用いられ、繊細で優雅な風合いをもつ。

＊4　サンボビン：落下板付きの編み機で生産された２種類の糸を絡み合わせてつくられるレース。編み機に落下板が付くことでレースの柄に凹凸が生まれる。

株式会社 太陽

〉〉〉adress　石川県かほく市森ソ 42
〉〉〉TEL　076-283-0361
〉〉〉FAX　076-283-2250
〉〉〉E-mail　taiyo-lace@isun.co.jp

WHAT IS "HOKURIKU-SANCHI" ?

“北陸産地”の特徴とは？

北陸はポリエステルやナイロンといった化学繊維でつくられる合成繊維の生産が盛んな国内有数の繊維産地です。スポーツやアウトドアウェアに用いられる機能性を備えた先端的な素材のほか、ドレスやフォーマルウェアなどの上品で意匠性の高い素材からカジュアルなブラウスやワンピースに用いられる素材まで、汎用性が高いのが合成繊維の特徴。製糸から撚糸、織り、編み、染色加工と北陸の産地企業が力を合わせてものづくりを行い、国内で生産される合成繊維織物の７割以上を石川、福井、富山の北陸三県で生産しています。そのほかにもトレーニングウェアに用いられる丸編ニットやスニーカーのアッパー、アンダーウエア、カーシートの素材のタテ編ニット、レースやリボン、織りネーム、細幅織物などの多種多様な繊維素材をつくる企業や工場が集積しています。

1：株式会社福富

6：株式会社白龍

8：株式会社二口製紐

9：株式会社小山カバーリング

10：株式会社太陽

2：株式会社マイテックス

7：ウーブンナック株式会社

3：山崎麻織物工房

4：中嶋機業場

5：株式会社松井機業

3

セコリギャラリー
5年間の活動記録とこれから

PART3:Activities for 5 years and future challenges of Secori Gallery.

2012年にSecori Galleryを開始してからこの5年間、繊維産地とデザイナー、
そしてものづくりを応援をしてくださる方々を、様々な活動でつないできました。
今後は糸編と組織の名称を変え、よりシャープに産地を応援する活動をつづけていきます。

メディアと問屋の融合

TEXTILE JAPAN

「Secori Gallery」「セコリ荘」の次のステップとして発足する「TEXTILE JAPAN」。メディア・ショールーム・問屋の機能をもち、テキスタイルメーカーの売上げ向上と日本独自のファッション衣料の創出を同時に目指します。

「Secori Gallery」は、年間200社ほどの繊維工場の取材を行い、その内容を自主媒体・外部媒体・展示会・イベントなどで発信し、国内のものづくりの魅力をより広い層に多角的に伝えようと活動してきました。それらを一つの空間に集約したのがコミュニティスペース「セコリ荘」で、キュレーションしたテキスタイルを置くショールームでもあります。ここで僕らは国内繊維産地の活性と、日本独自のファッション衣料創出のより良い仕組みを考えてきました。しかし僕らがつなぎ役となったゆるやかなコミュニティのなかで、課題や可能性を共有することを目指した「セコリ荘」の活動では、アプローチできないゾーンも明確にありました。また徐々に国内外のファッションブランドの素材開発・調達も行うようになってきました。

2012年の事業開始から5年近くが経ちましたが、出会った企業が抱える課題はなかなか解消できず、全国の産地企業の廃業を目の当たりにしてきました。2017年、産地の情報整理、素材技術の流通整備、生産フォロー、オンライン・オフラインでの繊維企業とアパレル企業のビジネスマッチング。テキスタイルメーカーの売上げ向上と日本独自のファッション衣料の創出を同時に目指し、新たな運営母体「TEXTILE JAPAN」を発足します。

「セコリ荘」というゆるやかな箱から、メディアとしてショールームとして、在庫も積む問屋として、新たなチャレンジをしていきます。

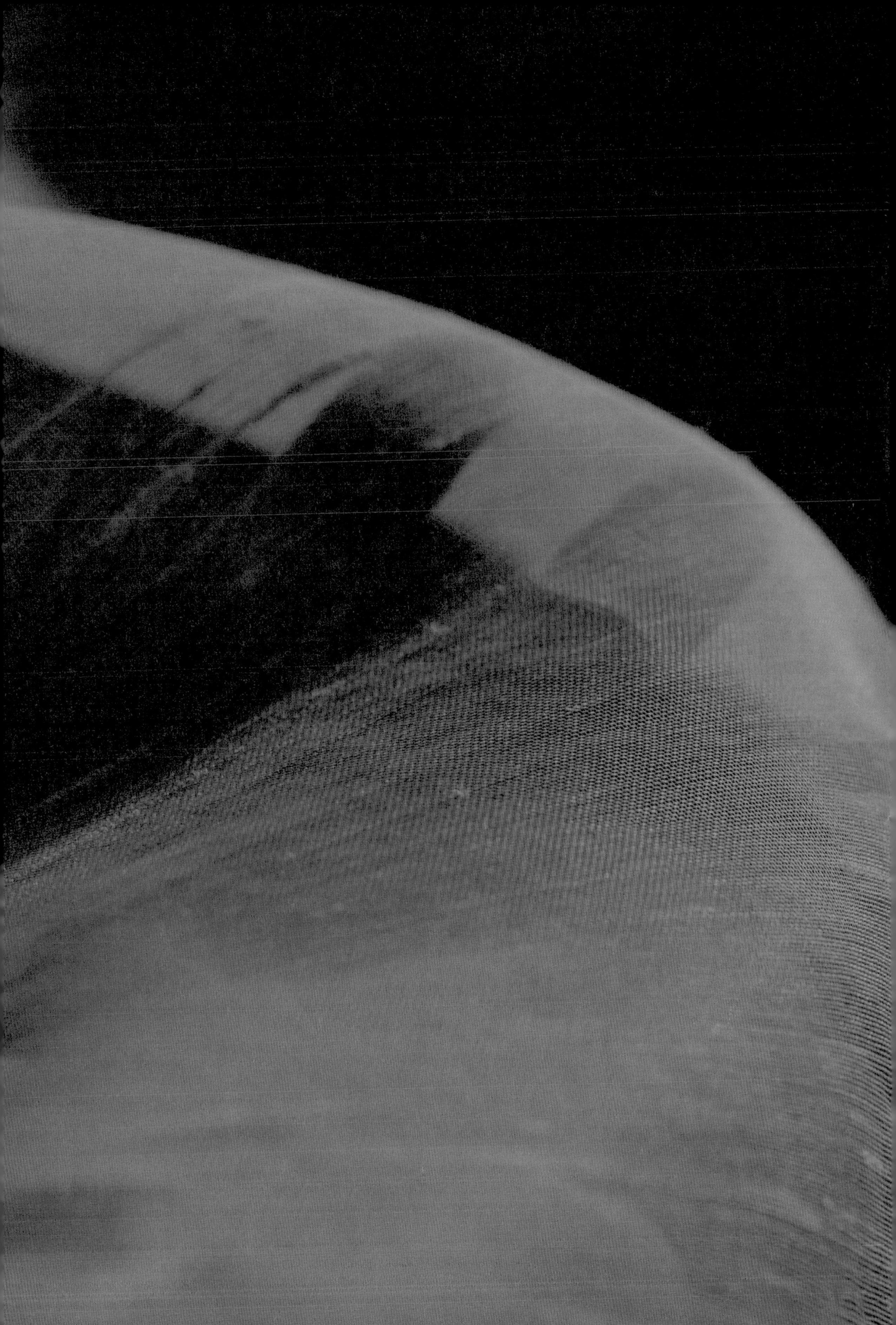

【産地】静岡県掛川市（遠州産地）
【企業】有限会社 福田織物

【産地】静岡県掛川市（遠州産地）
【企業】有限会社 福田織物

【産地】愛知県一宮市（尾州産地）
【企業】terihaeru

【産地】愛知県一宮市（尾州産地）
【企業】terihaeru

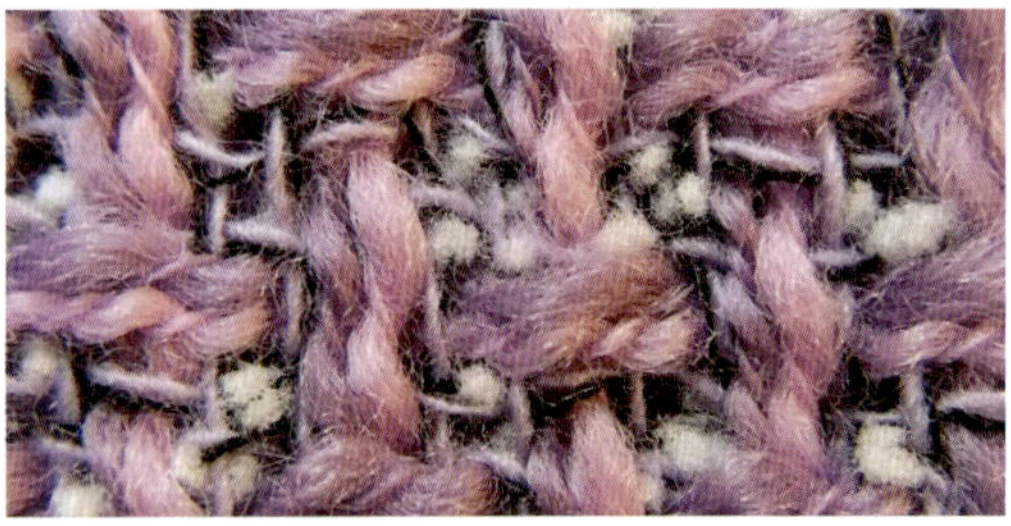

【産地】愛知県一宮市（尾州産地）
【企業】terihaeru

【産地】和歌山県橋本市（高野口産地）
【企業】妙中パイル織物 株式会社

【産地】和歌山県橋本市（高野口産地）
【企業】妙中パイル織物 株式会社

【産地】和歌山県橋本市（高野口産地）
【企業】妙中パイル織物 株式会社

【産地】和歌山県橋本市（高野口産地）
【企業】妙中パイル織物 株式会社

【産地】和歌山県橋本市（高野口産地）
【企業】野上織物 株式会社

【産地】石川県小松市（北陸産地）
【企業】山本絹織 株式会社

【産地】石川県小松市（北陸産地）
【企業】山本絹織 株式会社

【産地】石川県小松市（北陸産地）
【企業】山本絹織 株式会社

【産地】石川県小松市（北陸産地）
【企業】山本絹織 株式会社

【産地】石川県小松市（北陸産地）
【企業】山本絹織 株式会社

【産地】石川県小松市（北陸産地）
【企業】山本絹織 株式会社

【産地】福井県越前市（北陸産地）
【企業】株式会社山崎ビロード

【産地】静岡県浜松市（遠州産地）
【企業】辻村染織 有限会社

【産地】静岡県浜松市（遠州産地）
【企業】辻村染織 有限会社

【産地】静岡県浜松市（遠州産地）
【企業】辻村染織 有限会社

産地の学校

産地に関わるプレイヤーの発掘育成、マッチング、
ネットワークをつくる企みとして「産地の学校」をスタートさせました。
産地との具体的な関わり方を提示し、
新しい情報と人と仕事の流れをつくっていきます。

絶賛生徒募集中！

産地に関わるプレイヤーの発掘育成、マッチング、ネットワークをつくる企みとして「産地の学校」をスタートさせました。産地との具体的な関わり方を提示し、新しい情報と人と仕事の流れをつくっていきます。

セコリギャラリーは6年目に入り、「糸編」と名称を変更しました。この先の2020年あたりまでを見据えてみると、セコリギャラリーならびにセコリ荘もアップデートの必要があると考えたのです。そこでこれまでの要素に加えて、さらにやるべきことに再度ピントを合わせて、思い切って屋号まるごとリニューアルしました。コンセプトが変わるので屋号も変えたということです。

経済産業省では2016年6月に「アパレル・サプライチェーン研究会の報告書」を発表し、次のように述べています。

「日本のものづくりの強みを活かせるようなサプライチェーンの再構築が必要であるが、国内製造事業者の実態に鑑みれば、残された時間はそう長くはない。2020年を目途に、この数年をラストチャンスと捉え、アパレル企業、製造事業者、そして政府が一体となり取り組むべきである」。

これを読んだときに、改めて繊維産地というエコシステムが、維持できるぎりぎりの規模にまで縮小してきていることの危機を理解すると同時に、「政府としては繊維産地への助成事業や補助金も2020年以降はどうするかわからない」というメッセージをも隠されているように思いました。

産地というものは繊維事業者の集合体であり、それぞれの産地に組合があって、産元商社や問屋があって、外部の仕事が流れ入り、生産出荷する仕組みが絶妙なバランスで成り立っているものです。サポートや予算のカットでこのバランスが簡単に崩れてしまう恐れもあると思っています。分業制のもと支え合って成り立っているものは、ひとつが倒れるとドミノ倒しを起こすことにもなります。

国内産地は高齢化と職人不足による技術継承という問題を抱えつづけてきましたが、事業承継が適切に行われず、廃業を迎えてしまった場合には、脈々と培われてきた職人による技術は次世代に伝承されず、途絶えてしまいます。そもそも利益を出せない企業や産業は競争社会での淘汰は仕方がない、といってしまえばそうかもしれませんが、創業時から産地に愛情と熱量を注いできた僕らとしては、僕らの価値観でこの状況に、僕らなりの解決案をもってギアを上げて取り組みたいと決意しました。

そこで徐々に生まれたのが「Textile Japan」という組織の発足と、「産地の学校」という私塾の構想です。Textile Japanについては136ページでご紹

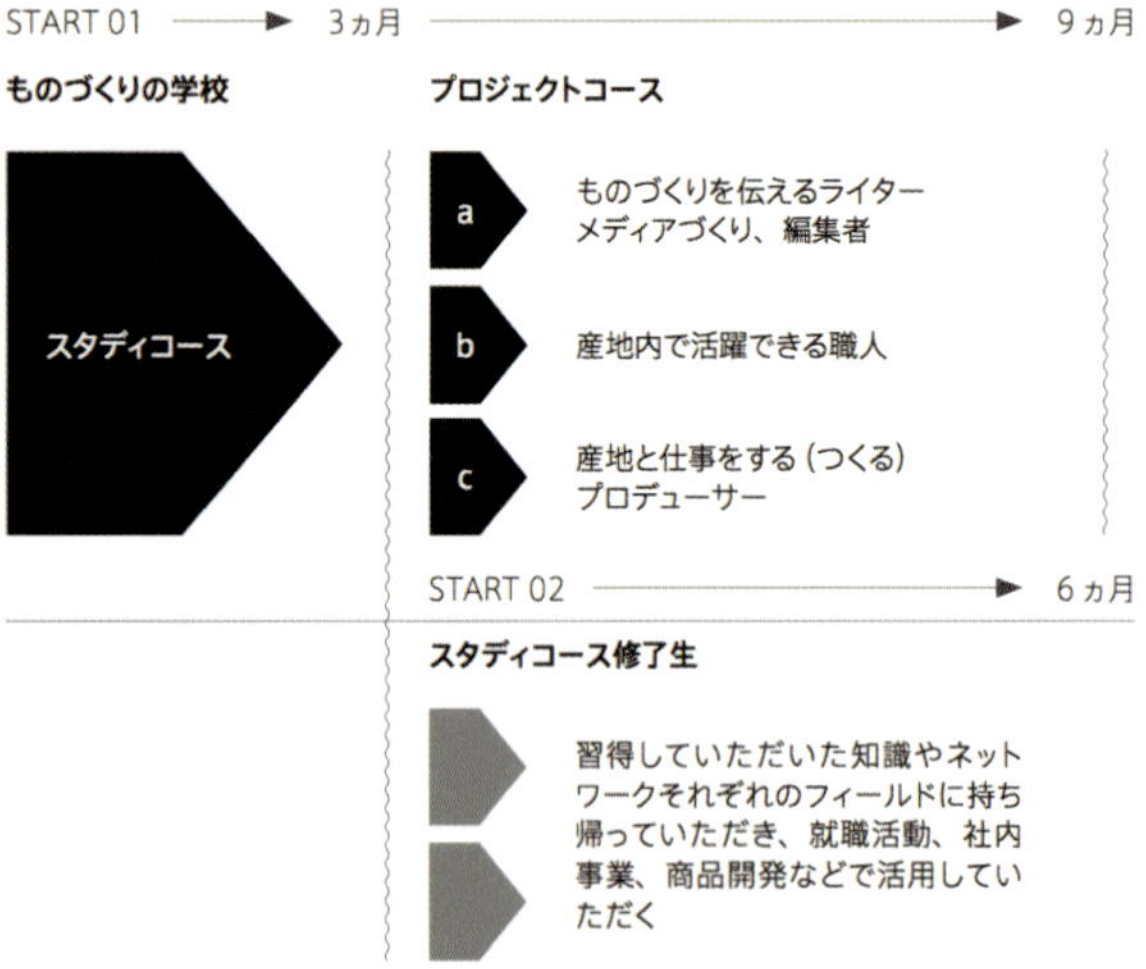

上：「スタディコース」では日本の産地とテキスタイルについて体系的に学び、「プロジェクトコース」では実際に産地と携わるプロジェクトを企画・実行します。

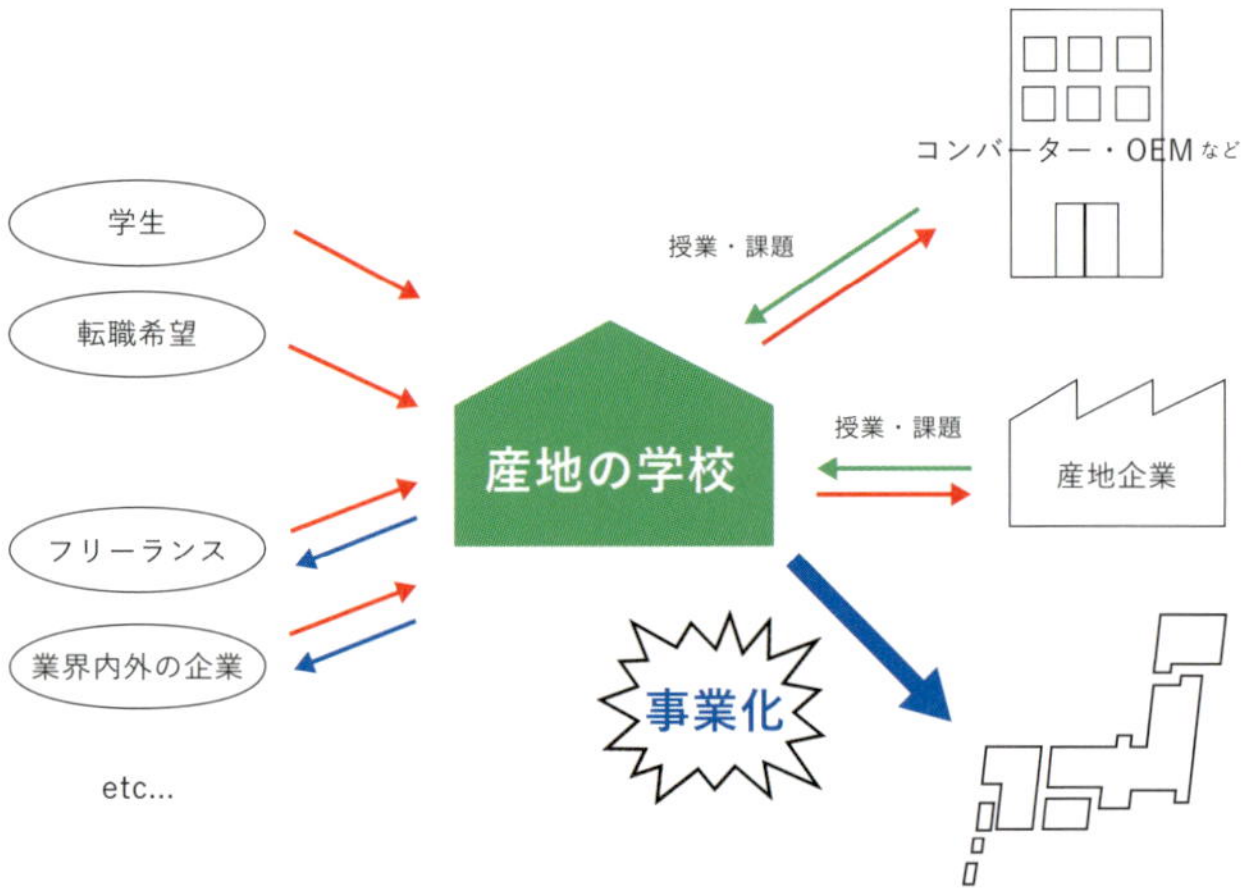

上：学生にも「産地で働く」ことを進路の選択肢のひとつとして捉えていただくため、産地企業との（での）仕事の仕方・つくり方も一緒に考えていきます。

介しました。産地の学校とは、繊維から製品のあいだにある課題を「課題のあぶり出しー情報知識の共有ー解決策の模索と実行」というプログラムのなかで、産地に関わるプレイヤーの発掘育成・マッチング・ネットワークづくりを行う企みです。

現在のセコリ荘の「コミュニティスペース」という自由空間から、より教育的なプログラムに整えて講座を運営していきます。受講生は3ヵ月〜1年間掛けて、糸・織り編み・染色加工・縫製について現役の職人さんをお招きして、現場研修も挟みながら学んでいきます。これまでのセコリ荘の活動の延長でもありますが、産地の学校は、産地との具体的な関わり方を提示し、新しい情報と人と仕事の流れをつくっていくイメージです。

これまでの活動で、全国各地の工場や技術、素材について取材を重ねてきました。求める人材についても詳しく聞いて回ってきました。産地の学校で学んだことをきっかけに、現役の専門学生や美大生、一般大学生にも、産地で働くということがスタンダードな選択肢のひとつになればと思っています。現場研修や知識の共有だけでなく、就職サポート、人材マッチング、ビジネスマッチングなどを行い、これからのステップアップにつながる実践的な内容にすべく企画を練ってきました。少しずつでも、繊維産業の川上・川中に若い人たちが入っていくきっかけをつくりたいと思っています。

産地の学校では、次の三つのコースを設定しました。

①産地のものづくりを伝えるライター育成コース。

②産地の生産現場で活躍できる川上職人育成コース。

③産地と仕事をつくるプロデューサー育成コース。

今後の産地活性には、上記の三つの役割を相互に強化していかねばならないという考えからです。伝え手も必要、つくり手も必要、音頭を取る人も必要。この三つの分野それぞれで活躍していく人たちが同じ釜の飯を食うというプログラムになります。

カテゴライズすると、2は産地の中でものづくりをするプレイヤーです。3は産地に仕事を生むプレイヤーです。1は2や3をサポートしたり、つなぎ役となったりするプレイヤーです。

この春からスタートした「産地の学校」がセコリ荘の次の大きなミッションです。詳しくはウェブサイト（http://monodukurinogacco.com/）もご覧ください。

ファッション教育を考えよう！

ODEN PROJECT

「ODEN PROJECT」は、ファッションの産業、教育、メディア、ものづくりのあり方を議論し、発信するプロジェクト。
ここでは互いに肩の力を抜き、セコリ荘名物のおでんを片手に、世代を超えて意見を交わします。

業界の未来と教育という場所

宮浦　今回の「ODEN PROJECT」では、ゲストに東京コレクションでも活躍する「tiit tokyo」デザイナーの岩田 翔さん、「バルムング」デザイナーのHachiさん、数多くのブランド立ち上げを手掛けてきたコンサルタント「TO NINE」の増田智士さん、さらに服飾を学ぶ学生4人にお集まりいただきました。

未来を考えるにあたって教育は不可欠ですが、大学／専門学校で授業をもっている僕たちだけでなく、現役の学生さんと一緒に、双方の立場からファッション教育のあり方について語り合いたいと思っています。まずは岩田さん、現在のファッション教育についてどのようにお考えですか？

クリエーションを成立させるプロセスづくり

岩田　tiit tokyoデザイナーの岩田です。現在のファッション教育では、良いものをつくることだけを教えていて、学生に明確なゴールや、上限を設定させていないように思います。でも世の中で求められているのはある一点の目標に到達する能力。とくにファッションのようなクリエイティブビジネスは、とにかく成立させるということが一番大切だと思います。

起業するということでは、成功させる、お金を稼ぐという前に、まずどうやって黒字の分岐点まで到達するか。もしくはプロジェクトベースでも一定のクオリティまでどうやってもっていくか。目標を設定して、それを成立させるためにはどうすればいいかを考えさせる教育をしないといけないと思います。

櫻井　初めまして、文化ファッション大学院大学デザインコースの櫻井です。私は専門学校と大学院を合わせると、文化服装学院に在籍して今年で5年目になります。専門学校のデザイン・制作を学ぶコースでは、とにかく教わる通りにつくっていれば何も言われない。とくに1年次では、シャツの襟のつくり方を覚え、次は教わった通りの縫製方法でシャツ全体をつくる、と言われたようにするだけでいいのです。

ほとんどの学生がこの課題をクリアしていきますが、このスキルをどう社会に落とし込んでいくか、どうプロダクトとして着地させるのかを考えるプロセスがなく、まさに成立させるためにどうすればよいかを考えることが抜けていると思います。

岩田　実戦で不可欠なプロセスの重要性を、教育現場では軽視しているのかも

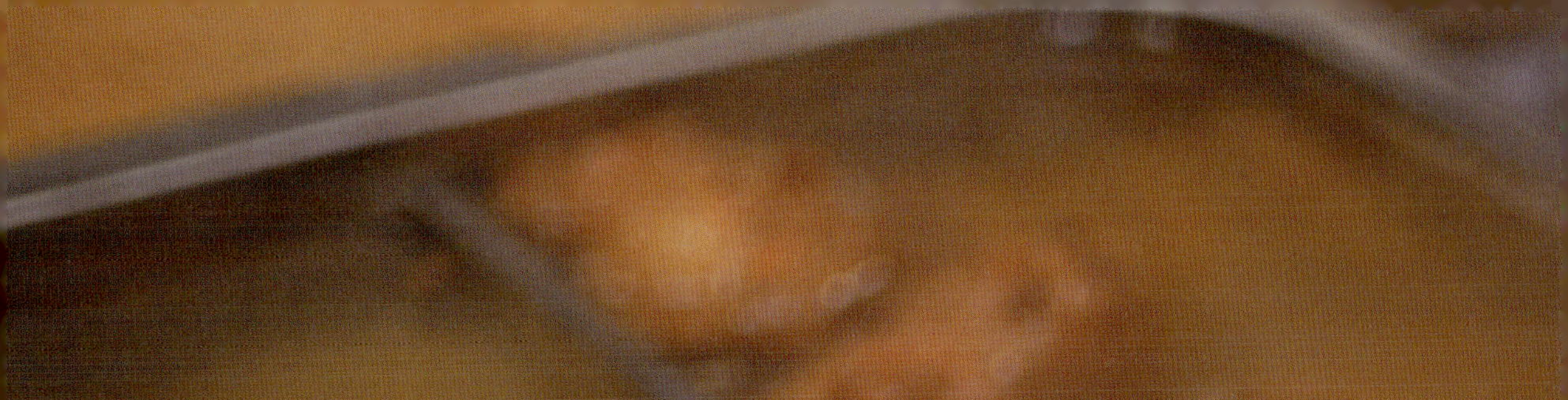

SPEAKER

岩田 翔	ティートトウキョウ（tiit tokyo）デザイナー、株式会社 KIDS-COASTER 代表取締役
Hachi	バルムング（BALMUNG）デザイナー
増田智士	株式会社 TO NINE 代表取締役
神垣天晋	東京造形大学デザイン学部テキスタイル科２年生
櫻井拓美	文化ファッション大学大学院ファッションクリエイション専攻デザインコース２年生
竹村洸介	青山学院大学総合文化政策学部３年生
中林龍平	早稲田大学文化構想学部４年生、同大学繊維研究会元代表
宮浦晋哉	

しれないですね。

櫻井　教員も社会に出ている方ばかりではないので、ものをつくるという行為以外のフォローが足りていないように感じることがあります。

岩田　社会経験がある人が先生になればよいという考え方もあるのですが、いまこの瞬間に必要なことは、いまこの瞬間に社会で感じていないとわからないんじゃないかな。

宮浦　これから社会に出ていく学生にとって、働いている人の生の声を伝えることが大切かもしれませんね。

そもそもファッションに関して学校で教えることはあるのか？

宮浦　2016年は激動しているファッション業界ですが、いまもなおシャツやスカートをひたすらつくりつづけるファッション教育に意味はあるのでしょうか？

岩田　何十年も変わらない教育システムに疑問をもたなくてはいけません。蓄積型知識の価値がなくなりつつあるなか、記憶能力を測ることだけに重きを置くのも良くないことです。従来の教育システムに限界が来ているのかもしれませんね。

宮浦　確かに、知識の面ではウェブ検索で、ほとんどのことは見つかりますからね。

岩田　ですから、知識の学びに勝るとすれば、素材に触るなどの感覚的な学びしか残されていないかもしれない。あとは、チーム制のディベートだったり、旅行などによるコミュニケーションを増やせばいいんじゃないかな。いまの学生は、究極的にはコンピューターができないことを自分たちが担うということを、本気で考えないといけないと思います。

宮浦　ファッション業界に限らず、大きな流れとして人工知能VS人間みたいなことは語られていますね。コミュニケーションや実際に触れることで得られる感覚知は人ならでは強みにつながる部分かもしれません。

Hachi　バルムングデザイナーのHachiです。そもそも、ファッション教育の歴史をたどると、「エリート教育」と「サラリーマン教育」の2種類があると思っています。前者は階級が存在する時代からあった、「アントワープ*1」などの海外のファッション学校が挙げられます。後者は、経済成長を支えるために、多くの人を平等に教育する方法。日本で服飾専門学校が成立したのは1900年以降ですから、海外のように少数精鋭を育てるエリート教育の学校は存在してないと思います。それが日本でも必要だと思います。

左より Hachi、岩田 翔、増田智士。

教育の場を、次につながるマッチングの場へ

櫻井　評価される場所を求めて、コンテストにもエントリーするようにしているのですが、学生コンテストで評価される基準を、なんとなく皆わかっていて、ただそこに向けて制作しているだけで、もし賞を取れても次につながらないようにも感じます。つくったものを次にどうつなげるかなどビジネスを学ぶコースもあるのですが、そことの関わりはなく、分断されているのがもったいないなと思います。

増田　「ファクトリエ」や、「Knot」などのブランドスタートアップをサポートしたTO NINEの増田です。私も文化服装学院でビジネスを学びましたが、当時はデザイン・制作を学ぶ学生とのコミュニケーションはほとんどもてなかったですね。社会に出て経験を積んでいくなかで、ファッションビジネスでは、理と情というふたつの能力をバランス良くもつことが重要だと感じています。理というのは、数字、論理、経営の部分。情というのはデザインや感性の部分。両輪がないと車が走らないように、このふたつが両立しないとファッションビジネスは難しい。実際に海外のラグジュアリーブランドを見ても、経営とクリエイティブの役割を明確に区分しているブランドが大半ですよね。現在の学校は、「理（ビジネス）」と「情（デザイン）」が融合できる環境を提供できていない。本来、教育が担うべきなのは、ネットワークの部分だと思う。何千人、何万人が集まる学校という組織が、交流の場を提供するべきだと思います。

宮浦　同じ学科で専門性を高めるだけではなく、ほかとの交流が生まれるマッチングの場をつくるということですね。

竹村　青山学院大学３年の竹村と申します。僕もとても共感します。僕が高校生のときにはmixiやアメブロというＳＮＳが流行っていました。当時はＷＥＢだけでつながるファッション好きの友達が１００人くらいいて、そのなかから、服飾専門学校に進学する人もたくさんいましたね。僕はつくることに長けていなかったので、４年制の大学に進学し、将来はクリエーターやデザイナーをビジネス面でサポートする仕事に就きたいと思うようになりました。しかし服飾専門学校に入った彼らは、外部とつながる環境でないためか、内部にしか目を向けず、外部と交流することが少ないように感じます。そのため学校内もそうですが、もっとクリエーターやデザイナーと外部を結びつけるような環境が整えば、僕みたいな４年制の学生とも相互に刺激しあえると思

左より神垣天晋、竹村洸介、櫻井拓美。

います。

中林　早稲田大学の中林です。私は文学系の学部に所属していて、特別ファッションの教育は受けていませんが、早稲田大学繊維研究会という服飾サークルで代表を務めていました。サークルには4年制の大学以外の学生も所属しており、服飾を専攻している専門学生と交流する経験があったのですが、洋服をつくることを学んでいない私からすると、自分にないスキルや違う視点をもっていて、とても刺激になりました。

クリエーションを継続させる、ビジネスとの結び付き

宮浦　では、このあたりで学生さんからの質問を受けつけたいと思います。

櫻井　デザイナーは良いビジネスパートナーを見つけるべきなのでしょうか、それとも、自分でビジネスを学ぶべきなのでしょうか？　また、個人的な意見として、優秀な経営者がファッション業界のデザイナーと手を結ぶイメージがつかないのですが、実際はどうなのでしょうか。

宮浦　確かに卒業後、良い経営者に出会い、うまくいくという話はあまり多くは聞かないですね。

岩田　「アミューズ＊2」や、「瀧定大阪＊3」といった企業が、デザイナーブランドを買収している事例はあります。それ以外の方法としてはひとりの経営者を複数のデザイナーでシェアするという考えもあっていいと思います。

増田　日本のファッション業界に、リスクを張ってお金を出す投資家や飛躍を志すベンチャー起業家が少ない要因として、日本のファッション市場がそもそも縮小していることが挙げられます。縮小する市場にお金を投資する投資家やベンチャー起業家はいないですから。しかし世界的に見ればファッション市場ほど伸びていて、かつ巨大な市場はほかにほとんどありません。2015年にアップルやグーグルを抑えて革新的な企業ランキング1位になった、「ワービーパーカー（Warby Parker）」というメガネ通販企業がありますが、このような新規参入が成功する事例が日本からも出てくれば状況は変わってくるでしょう。そのためにもデザイナーや起業家自身が初めからグローバルな視点をもつことが重要だと思います。

学生が見るファッション業界

宮浦　アパレル企業の経営不振や閉店ラッシュなどの暗いニュースに対しては、ファッションに関わる学生はどう考えているのでしょう。行く末は暗い

と感じているのでしょうか？

櫻井　いまの若者にとって、情報は常に溢れんばかりにあるのが当たり前の状態です。そのなかで、自分の好きな情報以外は取り入れていないのではないかと感じます。

神垣　東京造形大学の神垣です。僕の周りの学生には、そもそも大学に入学したときから、ファッションの業界に進まないと考えている人がいます。好きなことを仕事にすると嫌いになると考えているようです。ですから、暗いニュースがあるから若者が業界を目指さないということでもないのかもしれません。僕は高校を中退したのですが、クリエーターになるため大学検定を取り、いまの大学に入学しました。大学の全員がクリエーターを目指しているのかと思っていたら、そうではなく意外と冷めていました。そうならないためにも、入学するもっと前から、クリエーションの楽しさを伝えられる場があれば良いなと思います。

テーマ「ファッションの教育」のまとめ

宮浦　最後に質問です。これまでと重複する部分もあると思いますが、教育の現場でどのようなカリキュラムや授業があればいいと考えますか？

Hachi　100の価値の素材を100の価値のプロダクトに仕上げることは当たり前で、それを1000ぐらいの価値に増大できるというスキルが、デザイナーや技術職には必要だと思います。値段の帳尻を合わせるために、取引先を買い叩いて価値を増大させるのではなく、自分のクリエイティヴィティや技術で価値を増大させることができるプレイヤーが多く現れないといけない。そういった基本的なことを考えると、服飾を教える学校の本当の役割は、価値を増大させるための授業をすることではないでしょうか。

櫻井　私はコミュニケーションのなかで、クリエーションをする教育があればいいと思います。以前、産学協同という名目で、産地に行って服を1体つくるというプログラムに選出されたことがあります。職人さんと話し合いながら自分の考えた柄でクリエーションができると思い、期待して行ったのですが、現実は産地の生地がストックしてある場所に直行し、そこから生地を選ぶことしかできず、残念な思いをしました。コミュニケーションを取ることもなく、ただ遠くの生地屋さんに行ったという感じです。クリエーションをするうえで、ひとりで行う限界は絶対にあるので、プログラムとして、自分以外の人とコミュニケーションを取り

左より宮浦晋哉、中林龍平。

ながら、クリエーションができれば嬉しいです。

岩田　最初の1年ぐらいで、自分が生み出すクリエイティブがどういうものなのか、いまの時代だとどういう立ち位置で、どういう人にウケるのか、現実を知ることが大事。たとえば、10人にしかウケないテイストだと理解すれば、極論だけど、ひとりに500万円ずつ売れば成り立つ。一番わかりやすい例だと、自分のブランドのテイストが、ユニセックスなのか、絶対男しか着れないのか、女の子にしか着れないものなのか、ということだけでも理解すれば、ターゲットがだいぶ絞れてくる。自分がつくる物語を読む方法を自分が一番わかっていることが、クリエイティブビジネスのうえで一番大切なので、早い段階で自分を知るというプロセスがいまの学校教育には必要だと思う。それには自分自身との対話ばかりではなく、社会との対話がとても大切になってくると思います。

竹村　外部からの意見になってしまうのですが、単純に服飾学生の課題の量を減らして、遊ぶ時間を増やしてあげればいいんじゃないかと思います。その遊んでいる時間に、僕たちのような4年制の学生が歩み寄っていけば、お互いに手を取り合えるのではないかなと思います。

増田　僕が学生のとき、文化服装学院に行って後悔したかっていうと、していない。むしろ行ってよかったなって思う。だから、出戻りして、特別講義をするし、非常勤講師として授業ももつ。では何が良かったかというと、いまでも交流のある服好きに出会えたし、仕事の関係になっている人もいる。授業の課題が多かったですが、そのおかげで社会に出たときに楽だとさえ感じました。しかし、とくに記憶に残った授業はありません。結局、すべて社会に出た後の、実践の場から学んだことのほうが重要でした。つまり学校教育の課題は、実践に近い環境がないことではないかと思います。たとえば、「リテント＊4」ってあるじゃないですか？　あれは学生が文化祭で、仕入れた商品を販売するショップだけれど、別に文化祭のときだけじゃなくて良いと思います。常にオープンするべきだし、WEBでも販売するべき。しかも、仕入れじゃなくて、デザイナーと打ち合わせて1から商品をつくればいい。つくったものを市場に出して、どれが売れるか、売れなかったのか、人気か人気じゃないかを自分たちで理解させればいい。すごく売れたものが出れば、どうしてそれが売れたのか絶対に思考が働くので。一発花火を上げるのではなく、必然的に考えるようなプログラムにすればいいと思います。

宮浦　皆さま、貴重なご意見、ありがとうございました。本日は、ファッションの教育について、実際に学んでいる学生とファッション業界のリアルを経験している方々をお招きし、話し合っていただきましたが、今後も業界について議論をするリアルな場を提供したいと考えております。引きつづき、よろしくお願いします。

＊1　アントワープ王立芸術学校：1663年に創立された美術アカデミーの伝統校。ファッションの分野では、ロンドンの「セント・マーチンズ」ニューヨークの「パーソンズ」。
＊2　アミューズ：芸能プロダクション。同社の連結子会社は、「ミュベール (MUVEIL)」や「ジュンハシモト (junhashimoto)」といった、ブランドを傘下に収めている。
＊3　瀧定大阪：繊維専門商社。
＊4　リテント（RE・TENT）：文化服装学院ファッション流通科２年リテールプランニングコースが、実践的なプロジェクトを通して、企画力、発信力、交渉力などを兼ね備えた人材育成を目標に発足したセレクトショップ。累計1000万円以上売り上げている。

2016年3月28日
セコリ荘にて。

Timeline of SECORI's activities 2012.06 ~ 2017.05

セコリギャラリー活動の軌跡 2012.06 ~ 2017.05

「Secori Gallery」は2012年6月に活動を開始し、約5年間活動をつづけてきました。活動の拠点としたセコリ荘はこれまで、全国53社の素材メーカーさんのサンプルを並べ、オリジナルの開発生地も展示受注して、また、ものがたりの詰まったブランドさんの商品の販売も行ってきました。そして、週末限定で暖簾の掛かるおでん屋さんは、学生からアパレル関係者、繊維の職人さんをはじめ、異業種のデザイナー、海外からの旅行客までシームレスに集まるコミュニティスペースとなってきました。これまで「Secori Gallery」は様々なアングルからのきっかけをコミュニケーションと一緒につくってきました。今後は「糸編」と組織の名称を変え、「Textile Japan」や「産地の学校」など、より具体的な問題解決を目指して専門的な視点をもつ活動を始めます。

展示会「Ethical Fashion Exhibition 2nd」主催

「Secori Gellery」ショールーム オープン

展示会「Ethical Fashion Exhibition 1st」主催

「Secori Gellery」設立
宮浦晋哉が London College of Fashion 在籍中の論文をきっかけに事業開始。

2012

10月 9月 8月 7月 6月 5月 4月 3月 2月 1月

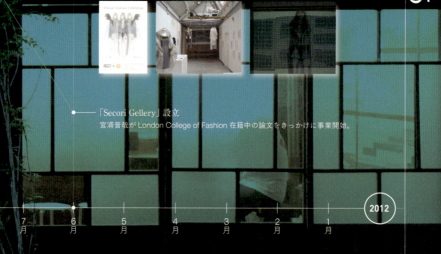

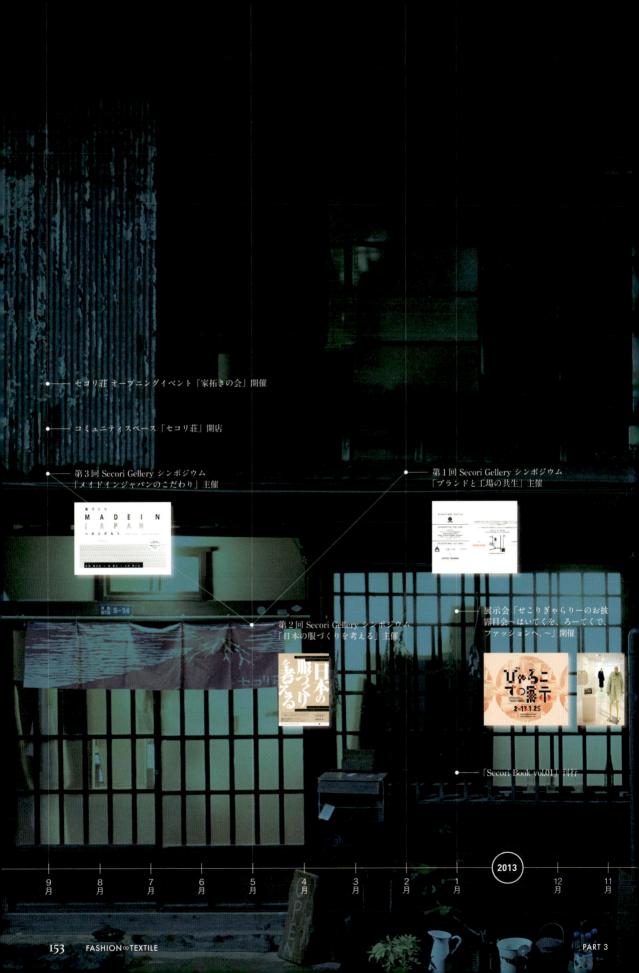

セコリ荘 オープニングイベント「家拓きの会」開催

コミュニティスペース「セコリ荘」開店

第３回 Secori Gellery シンポジウム
「メイドインジャパンのこだわり」主催

第１回 Secori Gellery シンポジウム
「ブランドと工場の共生」主催

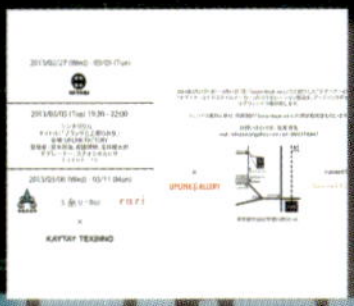

展示会「せこりぎゃらりーのお披露目会～はいてくを、ろーてくで、ファッションへ、～」開催

第２回 Secori Gellery シンポジウム
「日本の服づくりを考える」主催

「Secori Book vol.01」刊行

9月 8月 7月 6月 5月 4月 3月 2月 1月 2013 12月 11月

「真岡木綿・日下田藍染工房ツアー」開催

「SEATA 新作 展示会」開催

展示会「究極の T シャツ展」開催

「パンとコーヒーと英会話」スタート

セコリギャラリー×シケンジョ「ヤマナシハタオリ産地バスツアー」開催

「セコリガレージ交流会」開催

プロジェクト「もちより食堂」スタート

飲食スペース＆ショップスペース オープンニングイベント「セコリショップオープニングウィークエンド」開催

もちより食堂

「REcreation market サンデーマーケット」スタート

「セコリショップ」「おでん屋」が正式オープン

「セコリ荘」ウェブサイト オープン

「REcreation market 作って使って楽しむ－第1回－陶芸 WS＆利き酒会」開催

第3回「CREATIVE NEST」放送

「COS KYOTO 共催 丹後ちりめんに触れる会」開催

大渕由香利 陶展「ほころぶ」開催

「CREATIVE NEST × テキスタイルマルシェ特別対談」参加

「山古志まんまルシェ×移住女子～山古志の伝統料理と地酒が月島に～」開催

展示会「phro-flo の夏祭り」開催

プロジェクト「週末プラネタリウム－月島の路地裏から－」スタート

セコリ荘 夏限定・流しそうめん スタート

「旅する服屋さんメイドインの春の染色 WS」開催

皮革メーカー主催の交流会 開催

「月島 RUN 走って、食べて、ほろよいで、」スタート

第2回「CREATIVE NEST」放送

「モノ開発会議－モノに命を吹き込めるか⁉ ι(`ロ)ノ作戦会議－」参加

建築ユニット「スタジオまめちょうだい」セコリ荘竣工公開プレゼンテーション 開催

「旅する服屋さんメイドインの初夏の生葉染め WS」開催

「symbol 展示会」開催

「レタルの白いシャツ展 vol.03」開催

「REcreation market at セコリ荘」開催

クリエーターによるネット番組「CREATIVE NEST」の放送をスタート

8月 7月 6月 5月 4月 3月 2月 1月 2014 12月 11月 10月

リトルトーキョー しごとバー「産地ナイト」開催

神戸ファッション美術館 2015 年度 春期服飾文化セミナー ファッションの産地「産地バスツアー 〜播州・コットン編〜」開催

講演会「創業までの学び・歩み 〜杉野の卒業生 4 世代が語る、卒業から創業まで。そして現在の仕事について〜」参加

「釜玉うどん作り WS」開催

ウェブメディア「セコリ百景」ローンチ

「月島クリスマス会」開催

展示会「vuca kanazawa や
のでできること」開催

Mercedes-Benz Fashion Week TOKYO 2015 S/S ガイドブック内「THIS IS MY PARTNER vol.02」取材・執筆

「時をかける布あそび」EDITO
meets Secori Gellery w
nusumigui 開催

rihei 展示会「Still to Motion」開催

神戸ファッション美術館 2015 年度 春期服飾文化セミナー ファッションの産地「日本の産地とこれからのファッションデザイン」開講

「レタルの白いシャツ展 vol.04」開催

Mercedes-Benz Fashion Week TOKYO 2015 S/S ガイドブック内「THIS IS MY PARTNER vol.01」取材・執筆

クックパッドの新サービス "Holiday" とのコラボレーションイベント「月島の歩き方を考えよう」開催

「SEATA」「SEATA 秋冬の新作展示会」開催

「織りと編みで小物あそび」EDITORY meets Secori Gellery with nusumigui 開催

「第 1 回 手織りカフェ」開催

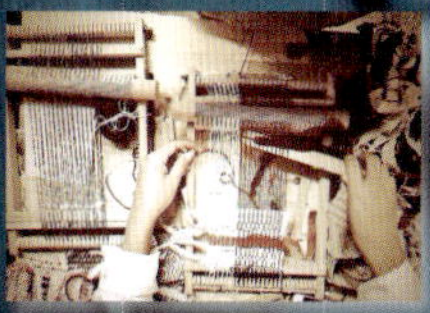

7月 6月 5月 4月 3月 2月 1月 2015 12月 11月 10月 9月

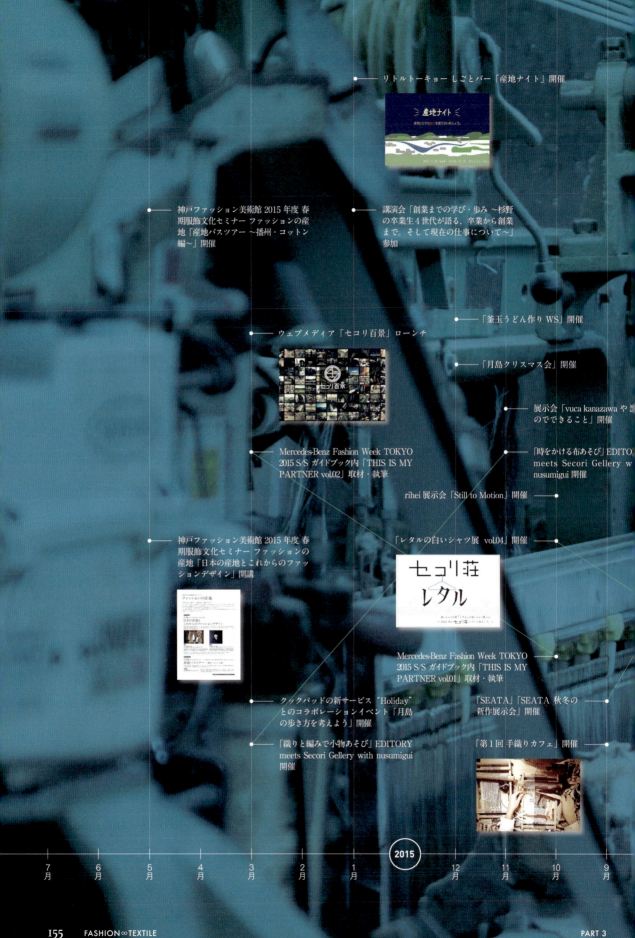

「書き初めバー」開催

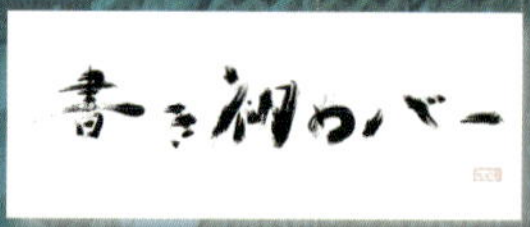

書き初め WS「笛と太鼓で書」開催

神出鬼没ポップアップ餃子店「きな餃子店」開催

セコリ荘のクリスマス会「セコリマス会」開催

神戸ファッション美術館 2015 年度秋季服飾文化セミナー ファッションの産地「産地バスツアー 〜近江・リネン、ラミー編」開催

「シビックエコノミ」一参加

神戸ファッション美術館 2015 年度秋季服飾文化セミナー ファッションの産地「産地バスツアー 〜丹後・シルク編」開催

出張セコリ荘「僕らの理想のデニム&シャツってなんだろう？」イベント開催

「第 3 回 ツルヤとセコリのオーダーシャツの受注会」開催

神戸ファッション美術館 2015 年度秋季服飾文化セミナー ファッションの産地「産地とものづくりに見る可能性と課題」参加

「第 2 回 ツルヤとセコリのオーダーシャツの受注会」開催

神戸ファッション美術館 2015 年度秋季服飾文化セミナー ファッションの産地「新しい産地ブランディングのカタチ」参加

「第 1 回 ツルヤとセコリのオーダーシャツの受注会」開催

「染織産地の歩き方」刊行

コミュニティスペース「セコリ荘 金沢」開店

天然発酵建て本藍染め「喜之助紺屋」試着会 開催

「TEXTILE MARCHE」出展

「Let's AMO! proef ニット WS」開催

terihaeru 展示会 開催

展示会「染織産地の歩き方 近畿編」開催

EVERY DENIM 新商品「Relax」リリースイベント 開催

rooms 2015 spring/summer 地場産エリア「出張 セコリ荘」開催

名古屋芸術大学 特別客員教授 就任

展示会「染織産地の歩き方 近畿編」in セコリ荘 開催

「HYAKKEI MARKET 2015 夏」開催

6月 5月 4月 3月 2月 1月 2016 12月 11月 10月 9月 8月

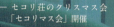

「umu 2017 spring/summer
展示会 & 受注会」開催

「播州ストールを紅花で染める WS」開催

「出張セコリ荘 マーチエキュート神田万世橋 ポップアップショップ」出店

「第5回 ツルヤとセコリのオーダーシャツの受注会」開催

TOKYO CRAFT MARKET にて
コミュニティスペース開設

「Osode の展示会 & 受注会」開催

「出張セコリ荘 in 浜松」開催

Mekong blue 展「ゆくえ」開催

NUA textile lab 展 開催

terihaeru 2016
展示会「cake!cake!cake!」開

「遠州コーデュロイ展」開催

「ツルヤとセコリのオーダーシャツの倉敷受注会」開催

展示会「出張セコリ荘遠州産地編」開催

「ツルヤとセコリのオーダーシャツの金沢受注会」開催

デザイナー集団「CREATORS TOKYO」のデザイナーたちとの商品開発、生地開発をスタート

移動型編集部「セコリ移住計画」発足

オーダー眼鏡
「Peureux」受注会
開催

「産地の学校」開校

「第4回 ツルヤとセコリのオーダーシャツの受注会」開催

テキスト作成

PART 1 これからの日本のファッション産業
巻頭インタビュー「ロジカルな服づくりを武器にニューヨークで闘う（大丸隆平）」
特集 CREATORS TOKYO の試み――産地コラボから見るファッション産業の未来
インタビュー１「これからの繊維・服飾産業が取り組むべきこと（菅野将史）」
インタビュー２「パリから見た日本のテキスタイルのポテンシャル（斎藤 統）」
矢野優美子

PART 2 北陸の服飾産地をめぐる旅――10 の糸商・工場探訪記
新木良紀、下山和希

PART 3 セコリギャラリー５年間の活動記録とこれから
TEXTILE JAPAN―― メディアと問屋の融合
産地の学校
宮浦晋哉

出典

PART 1 これからの日本のファッション産業
ファッション産業の問題、目指すべき姿とは？「『サスティナビリティ』を語る」
学校法人杉野学園 出版部発行『ファッション力』Vol.32 より

PART 3 セコリギャラリー５年間の活動記録とこれから
「ODEN PROJECT――ファッション教育を考えよう！」
「おでんプロジェクト vol.1」「デザイナーと学生が語る“ファッション教育”の今とこれから」、
「ビジネスとクリエーション、融合と実践。」より

イラスト作成

p.060～066
ＭＡＲＵ（Instagram:maru_drawn）

セコリギャラリー活動の軌跡作成

saina tsuda

図版提供・撮影

糸編：p.142（2点）、p.143
ウーブンナック：p.133（7）
ウエマツ：p.030（下）・p.039（右から３段目３点）
oomaru seisakusho 2,inc：p.014～021（13 点すべて）
katomi（撮影）：p.066（上）・p.067・p.068・p.069・p.071
カナーレ：p.026・p.027
金田裕平（撮影）：p.057（２点）・p.058
KOICH KONDO（撮影）：p.036（上２点）・p.037・p.038（左段下２点）・p.040～047（３点）、p.140～141
小山カバーリング：p.133（9）
Satoshi takano（READY TO FASHION）：p.144～151（５点）
シケンジョテキ：p.063（３点）
sitateru inc.：p.061（下）
下山和希：p.074～076（４点）・p.133（1）
Jun Tsuchiya（B.P.B.）（撮影）：p.028（上２点）・p.032（上２点）・p.034（上２点）・p.038（左から３段目下）
末松グニエ文（撮影）：p.048-049・p.055
SOSU：p.059
台東デザイナーズビレッジ：p.064（下３点）
東播染工：p.036（下２点）・p.039（左段３点）
hatsutoki：p.002～005（２点）
林キルティング：p.032 下・p.039（左から２段目３点）
5-knot：p.024（２点）・p.025・p.038（右段３点）
二口製紐：p.133（8）
HELMAPH & RODITUS：p.022-023・p.035・p.038（左から２段目３点）
松井機業：p.100
MIDDLA：p.038（左段上）
宮浦晋哉：p.006～010（３点すべて）・p.034（下２点）・p.039（右段３点）・p.053（２点）・p.056
meanswhile：p.030（上２点）・p.031・p.038（右から３段目３点）
山科貴広：表紙・p.078～099（すべて）・p.101～131（すべて）・p.133（2・3・4・5・6・10）・p.136-137
YUJIRO ICHIOKA（撮影）：p.138～139（20 点）
YUKIHERO PRO-WRESTLING：p.033・p.038（左から３段目上２点）
横貴繊維工業：p.028（下）・p.039（右から２段目３点）
LOKITHO：p.029・p.038（右から２段目２点）

／おわりに

本書の制作には多くの方にご協力いただきました。インタビューや対談、アンケート、寄稿、取材に快くご協力いただいた皆さん。温かくアドバイスをくださった元・CREATORS TOKYO 事務局の片岡朋子さん、北陸取材に同行いただき、たくさんの雰囲気のある写真を撮影してくださったカメラマンの山科貴広さん、原稿執筆に四苦八苦してくれた下山和希君と新木良紀君、そのほかのカメラマンやライターさん、いつもフォローしてくれているスタッフのみんな、デザイナーの瀧澤純希さん、また僕らの良き理解者であり本書の編集作業を担ってくれたユウブックスの矢野優美子さん。また CAMPFIRE 社「CLOSS」でクラウドファンディングにご協力いただき、支えてくださった皆さん。本当にありがとうございました。

糸編
宮浦晋哉

編著者紹介

宮浦晋哉（みやうら・しんや）

1987 年 千葉県生まれ。 2012 年 日本のものづくりの発展と創出を目指すキュレーション事業「Secori Gallery」創業。2013 年『Secori Book』出版。2013 年 セコリ荘開店、2016 年 名古屋芸術大学特別客員教授就任、「NUA textile lab」発足。2017 年 株式会社糸編を設立。国内の繊維産地を回りながら、キュレーターとして様々な事業やプロジェクトに携わる。

糸編（いとへん）

2017 年 5 月に Secori Gallery から株式会社糸編に改組。宮浦晋哉が代表を務め、チーム全体で年間 200 社の繊維工場を回りながら、人材発掘と育成を目指した学校「産地の学校」運営、テキスタイルのプラットフォームメディア「TEXTILE JAPAN」運営、産地企業・アパレル企業と協働した素材・製品開発、国内外のブランドへの素材提案・輸出・生産サポート、国内産地に関する執筆・コンテンツ制作・展示会企画・イベント企画、場の運営などを通して、国内のものづくりの発展と創出を目指す。

FASHION ∞ TEXTILE（ファッション・テキスタイル）
——繊維産地への旅
2017 年 7 月 30 日　初版第 1 刷発行

編著者
宮浦晋哉＋糸編

発行者
矢野優美子

発行所
ユウブックス
〒 157-0072　東京都世田谷区祖師谷 2-5-23
tel：03-6277-9969
fax：03-6277-9979
mail：info@yuubooks.net
http://yuubooks.net

編集
矢野優美子

デザイン
瀧澤純希（kushira）

イラストレーション
MARU

印刷・製本
株式会社シナノパブリッシングプレス

ISBN 978-4-908837-02-9 C0077

9784908837029

1920077029805

ユウブックス

定価：本体2,980円＋税

ISBN 978-4-908837-02-9

C0077 ￥2980E

取引代行
TRANSVIEW